Finanzierungen
für
KMU und Start-ups
in
Österreich

Stefan Brozyna
Michael Lampl

Finanzierungen für KMU und Start-ups in Österreich

Bibliografische Information der Deutschen Nationalbibliothek:
Die Deutsche Nationalbibliothek verzeichnet diese Publikation
in der Deutschen Nationalbibliografie; detaillierte bibliografische
Daten sind im Internet über http:// dnb.dnb.de abrufbar.

© 2016 Stefan Brozyna / Michael Lampl

Umschlaggestaltung:

Christian Fischer greengraphics nachhaltiges gestalten,
www.greengraphics.at

Herstellung und Verlag:

BoD – Books on Demand, Norderstedt

ISBN: 978-3-7431-6536-6

Inhalt

ZUM GELEIT 9

DR. CHRISTOPH LEITL, WKÖ-PRÄSIDENT 10
DI STEFAN BROZYNA 13

EINFÜHRUNG 14

FINANZIERUNGSANLÄSSE 17

GRÜNDUNGSFINANZIERUNG IN ÖSTERREICH..................18
   Gründung von Start-ups......................................19
   Outsourcing, Spin-off, MBI, MBO 20
EIGENTÜMERWECHSEL..22
   Betriebsübergaben / Unternehmensnachfolge......22
   Firmenkauf...23
   Beteiligungskauf..24
STANDORTFINANZIERUNGEN..25
   Investitionsgüterfinanzierung...............................25
   Finanzierung von Gewerbe- oder
   Betriebsobjekten..26
   Erweiterungsfinanzierung 28
   Finanzierung von Umlaufvermögen 29
   Schließung der Gesamtfinanzierung....................29
ERHÖHUNG DES MARKTANTEILES 30
   Absatzsteigerung – Absatzfinanzierung...............30
   Innovationsfinanzierung 32
   Projektfinanzierung..33
   Exportfinanzierung und Internationalisierung........34
   Finanzierung von Handels- und
   Transitgeschäften..35
   Finanzierung des Produktlebenszyklus................36
ÄNDERUNG DER UNTERNEHMERISCHEN
FINANZIERUNGSSITUATION 37
   Entschuldungs-, Enthaftungsfinanzierungen........37
   Umschuldungsfinanzierung 38
   Sanierungsfinanzierungen, Restrukturierungen....38
   Umwandlung von Schulden – Bilanzoptimierung..40
   Verbesserung der Eigenkapitalstruktur 41

FINANZIERUNGSARTEN 43

BANKFINANZIERUNGEN 44
  Kredit oder Darlehen? 45
  Zinsen...47
  Zinsabsicherung, Zinsoptimierung 50
    Fixzinsvereinbarung 50
    Forward-Darlehen 51
    Zins-Cap...51
    Zins-Floor 54
    Zins-Swap. 54
    Ansparung des Zinsvorteils.......................57
  Währungen, Währungssicherung 58
    Fremdwährungskredit 58
    Devisentermingeschäfte............................60
    Devisenoption 60
    Devisen-Swap (FX-Swap)..........................62
    Cross Currency Swaps 62
  Arten der Kredittilgung 64
    Kredittilgung in Raten................................64
    Endfällige Kredittilgung 65
    Lombardkredit 70
    Kontokorrentkredit.....................................70
  Kredite nach Art der Verwendung 73
    Betriebsmittelkredit....................................73
    Hypothekarkredit, Immobilienkredit.........76
    Investitionskredit, Anlagekredit 76
    Bauspardarlehen..77
  Factoring...79
  Leasing 85
  Sale and Lease Back, Sale and Rent Back 90
  Bankfinanzierung für Gründer 92
INVESTORENBETEILIGUNGEN...........................95
  Family, Friends, Fools – 3F 97
  Inkubator Finanzierungen...............................98
  Crowdfunding (CF) / Crowdinvesting (CI) 99
  Business Angels 100

- Venture Capital in Österreich 102
- Seed-Finanzierung, Early Stage Venture Capital 103
- Superangels 104
- Strategischer Investor 104
- Mezzaninkapital 105
- Family Offices 106
- SONSTIGE FINANZIERUNGSFORMEN 108
  - Lieferantenkredit 108
  - Wechseldiskontkredit 109
  - Innenfinanzierung, Eigenkapitalfinanzierung 111
  - Finanzierung durch Kooperationspartner 111
  - Franchise 112
- FÖRDERUNGEN 114
  - Wer und was wird gefördert 115
  - Wie viel wird gefördert? 117
  - Förderstellen und Förderarten 117
    - Für Gründer 118
    - Für wachsende Unternehmen 119
  - Schritte zur Förderung 119

ABSCHLIEßENDE HINWEISE FÜR DEN FINANZIERUNGSSUCHENDEN 123

- VORBEREITUNG 124
- BERATER 124
- KOMMUNIKATIONSFÄHIGKEIT 125
- ELEVATOR PITCH 125
- DER ERSTE INVESTOR 126
- MODEWELLEN 127
- SICHTBARKEIT 127
- VERNETZUNG 128
- VERTRAUEN UND PASSENDE CHEMIE 128

ÜBER DIE AUTOREN 131

QUELLEN, NÜTZLICHE LINKS, LITERATUR 135

Zum Geleit

Dr. Christoph Leitl, WKÖ-Präsident

„Bankenfinanzierung für KMU ist tot" - so oder so ähnlich lauteten in der Vergangenheit die Schlagzeilen in den Medien. Vielfach wurde auch davon gesprochen, dass heimische Mittelstandsunternehmen – insbesondere durch Basel III – in einer Kreditklemme stecken und Bonitätsprüfungen der Unternehmensliquidität schaden. Auch wenn dies durch Zahlen nicht gravierend zu belegen ist, so zeigt sich trotzdem, dass heimische Mittelbetriebe durch eine strengere Kreditvergabe, auch und vor allem aufgrund zusätzlicher bürokratischer Auflagen betroffen sind.

Fakt ist aber auch, dass Österreich neue und moderne Instrumente der Unternehmensfinanzierung benötigt. Die WKÖ hat sich deshalb stark für die Umsetzung einer zeitgemäßen Crowdfunding Regelung eingesetzt.
Mit Erfolg: 2015 konnten bereits 8,1 Millionen Euro durch Crowdfunding eingesammelt werden, um damit 44 Projekte zu finanzieren. Klar ist aber auch, dass weitere Hausaufgaben dringend erledigt werden müssen. Dazu zählt eine neue Gesellschaft zur Mittelstandsfinanzierung ebenso wie ein Beteiligungsfreibetrag – beide sind auch als effektive Maßnahmen auf dem Weg zu mehr Wachstum zu sehen.

Ich freue mich vor diesem Hintergrund sehr, dass mit dem vorliegenden Buch wichtige und hochaktuelle Themenfelder behandelt werden, die die KMU, das Rückgrat der heimischen Wirtschaft betreffen. Also jene Tausenden mittelständischen Betriebe, die – stark verankert in den Regionen – mit Ihren Innovationen für Arbeitsplätze und damit Wohlstand sorgen.

Denn eines ist sicher: Eine moderne Form der Unternehmensfinanzierung verschränkt die bisher übliche Bankenfinanzierung mit neuen Investoren-Modellen zu einem schlagkräftigen Ganzen für Unternehmen, Kunden und Geldgeber.

Ich wünsche Ihnen eine anregende und informative Lektüre

Ihr

Christoph Leitl.

DI Stefan Brozyna

Unternehmen sehen sich immer wieder mit folgender Situation konfrontiert: steigender Kostendruck, sinkende Margen, steigende Steuern und Abgaben, welche die Nettoerträge reduzieren. Daher ist neben unternehmerischem Wissen und Können vor allem das Thema Finanzierung und der Zugang zu Kapital von entscheidender Bedeutung. In zahlreichen Gesprächen mit Unternehmen musste ich aber feststellen, dass die Themen „Kapitalbeschaffung, Kapitalkosten und Absatzfinanzierung" oft als unwesentlich wahrgenommen werden. Und zwar so lange, bis diese Unternehmen letztendlich doch gezwungen sind sich mit diesem Thema zu beschäftigen. In diesem Moment zeigen sich die Fehler der Vergangenheit und das fehlende Wissen tritt zu Tage. „Wenn wir das schon früher gewusst hätten...", ist dann oft zu hören.
Fehlerhafte Kapitalbeschaffung ist meist teuer. Passives Warten auch! Dieses Buch soll Unternehmern bereits im Vorfeld das wichtige Thema der Unternehmensfinanzierung nahe bringen - bevor Fehler gemacht werden. Fehler, die Unternehmen im Wachstum hindern, Unternehmensgewinne dauerhaft schmälern und im schlimmsten Fall das Unternehmen scheitern lassen. Fehler in der Wahl von Partnern und Beratern, was wiederum Banken und andere Finanzdienstleister prächtig verdienen lässt, auf Kosten der Unternehmen.
Das muss nicht sein! Ihre Zeit ist zu kostbar, um alle Fehler selbst zu machen. Daher: Profitieren Sie von unserer langjährigen Berufserfahrung und Expertise in der Unternehmensfinanzierung.

Ich wünsche Ihnen viel Freude beim Studium dieses Buches.

Ihr

Stefan Brozyna

Einführung

In jüngster Zeit erschwert eine strikte Kredit „Rationierung" der Banken (Stichwort Basel II und III) den Zugang zu Bankfinanzierungen. Daher werden heute vermehrt andere Lösungen nachgefragt. Neben der klassischen Bankfinanzierung bietet sich den Unternehmen über alternative und innovative Finanzierungsinstrumente ein breites Feld zusätzlicher Finanzierungsmöglichkeiten. Venture Capital, Private Equity, Business Angels, Investoren, Crowdfunding, um hier vorweg einige davon zu nennen, geben Unternehmen die Möglichkeit, Finanzierungskonzepte individuell auszurichten.

Dieses Buch soll dem Leser/der Leserin einerseits ein Nachschlagewerk bieten, aber andererseits eben nicht nur eine Aufzählung und Erläuterung der verschiedensten Finanzierungsmöglichkeiten sein. Wir, die Autoren haben versucht, diese nach Gesichtspunkten zu strukturieren, so wie sie unserer Erfahrung nach in der täglichen Praxis vorkommen.

Im ersten Teil des Buches werden zuerst die gängigsten Finanzierungsanlässe besprochen und vorgestellt. Dabei geben wir jeweils einen ersten Hinweis, welche Finanzierungsarten und Möglichkeiten für die jeweiligen Finanzierungsanlässe in Frage kommen.
Im zweiten Teil des Buches werden dann die Finanzierungsarten im Detail vorgestellt, gegliedert nach Bankfinanzierungen, Investorenbeteiligungen und sonstigen Finanzierungsarten. Der Bereich Förderungen wird dabei ebenfalls behandelt.

Die nachfolgende Matrix soll einen ersten grafischen Überblick geben und auch zeigen, wie unterschiedlich manchmal die Antwort auf die Frage, nach der richtigen Finanzierungsform für einen Finanzierungsanlass, ausfallen kann.

	Änderung der unternehm. Finanzierungssituation					Gründung in Österreich		Finanzierung zur Erhöhung des Marktanteiles						Wechsel des Eigentümers			Standort Finanzierungen				
	Umwandlung von Schulden - Bilanzoptimierung	Umschuldungsfinanzierung	Verbesserung der Eigenkapitalstruktur	Sanierungsfinanzierungen / Restrukturierungen	Entschuldungs- / Entstrickungsfinanzierungen	Ausgründung / Outsourcing - Spin Off – MBI – MBO	Gründung von Start-Ups	Exportfinanzierung und Internationalisierung	Innovationsfinanzierung	Projektfinanzierung	Finanzierung des Produktlebenszyklus	Finanzierung von Handels- und Transitgeschäften	Umsatzsteigerung / Absatzsteigerung	Beteiligungskauf	Firmenkauf	Betriebsübergaben / Unternehmensnachfolge	Schließung von Lücken in der Gesamtfinanzierung	Finanzierung von Umlaufvermögen	Gewerbe- oder Betriebsobjekt	Erweiterung / Umbau des Unternehmens	Investitionsgüter	
Bankfinanzierungen	×		×			×	×	×	×	×			×	×	×				×	×	×	Betriebsmittelkredit
		×																	×			Betriebsmittelkredit
	×	×										×	×						×			Factoring
	×	×					×									×			×	×	×	Leasing
	×	×		×	×	×									×	×	×	×	×	×	×	Sale and Lease Back
	×	×	×	×	×	×	×	×	×	×			×	×	×	×			×	×	×	Seed Financing
	×	×	×	×	×	×	×	×	×	×			×	×	×	×			×	×	×	Industriefinanzierung
	×		×	×	×	×	×	×	×	×			×	×	×	×			×	×	×	Crowdfunding
Investorenbeteiligungen	×	×	×	×	×	×	×	×	×	×			×	×	×	×			×	×	×	Business Angels
	×	×	×	×	×	×	×	×	×	×			×	×	×	×			×	×	×	3F (Family, Friends, Fools)
	×	×	×	×	×	×			×	×			×	×	×	×			×	×	×	Super Angels
	×	×	×	×	×			×	×	×			×	×	×	×			×	×	×	Venture Capital
	×	×	×	×	×			×	×	×			×	×	×	×			×	×	×	Family Office
	×	×	×	×	×			×	×	×			×	×	×	×			×	×	×	Strategischer Investor
		×	×	×	×				×	×				×	×	×			×	×	×	Mezzanine Kapital
																		×				Franchise
Sonstige Finanzierungsformen		×	×	×	×	×			×		×			×	×	×	×		×	×	×	Wechseldiskontkredit
												×									×	Kooperationspartner
	×		×												×				×	×	×	×	Lieferantenkredit
	×		×	×	×	×	×	×					×	×		×	×	×	×	×	×	Innenfinanzierung / Förderungen

Dabei gilt es zusätzlich zu bedenken, dass in den seltensten Fällen eine Finanzierungsart alleine eine optimale Finanzierung ermöglicht. Denn jedes Finanzierungsinstrument hat seine individuellen Stärken und Schwächen. Auch lässt sich ein einzelnes Finanzierungsinstrument nur unzureichend durch ein anderes ersetzen. In der Regel wird ein Mix aus mehreren Finanzierungsarten zielführender sein. Und dieser Finanzierungs-Mix wird je nach Finanzierungsanlass unterschiedlich ausfallen.

Finanzierungsanlässe

Es gibt im Geschäftsleben eine Vielzahl an Gründen, die eine Finanzierung erfordern. Will ein Unternehmen zum Beispiel seinen Tätigkeitsbereich erweitern, ist dafür gegebenenfalls ein neuer oder ein zusätzlicher Betriebsstandort zu errichten, oder eine neue Betriebsanlage zu kaufen.
Finanzierungen können aber auch auf den Eigentümer, den Marktanteil oder die Gründung eines Unternehmens an sich bezogen sein, sowie auf eine Änderung der Finanzsituation eines Unternehmens oder auf die Finanzierung des Umlaufvermögens.

Um festzustellen, welche Finanzierungsformen für welchen Anlass infrage kommen, ist es notwendig sich des aktuellen Finanzierungsanlasses genau bewusst zu sein, noch bevor man sich um ein Finanzierungskonzept bemüht. Denn die Finanzierungslösungen dazu sind mitunter sehr unterschiedlich.

Gründungsfinanzierung in Österreich

Mittlerweile wurde von öffentlicher Seite erkannt, dass ein stetiger Strom an Neugründungen Arbeitsplätze schafft und mehr Abgaben und Steuern generiert. Diese erhofften zukünftigen Einnahmen werden - sozusagen als Starthilfe, für neue Unternehmen in Form von Gründungsförderung ausgeschüttet. Auch in Österreich wird die Gründung von Start-ups vermehrt unterstützt.

Doch nur ein Teil der neuen geründeten Unternehmen sind erfolgreich. Mängel in der Kapitalisierung sind die Hauptursache für die Insolvenz junger Unternehmen. Für alle Unternehmensgründungen gilt daher:
Um ein Businessmodell am Markt umsetzen zu können, benötigen Unternehmen eine solide Finanzierung. Dafür werden in der Regel Fremdkapitalgeber gesucht.

Für die Suche nach Kapitalgebern ist es von entscheidender Bedeutung, nicht nur die Geschäftsidee bzw. Strategie in einem Konzept und Businessplan darzulegen und diese mittels Planrechnungen finanzierungstechnisch nachvollziehbar zu machen. Es auch ist unbedingt notwendig die Denkweise der Kapitalgeber zu kennen und die Unterlagen bzw. deren Präsentation dahingehend abzustimmen.

Banken, strategische Investoren und private Investoren sind jedenfalls unterschiedlich in ihren Interessen. Es gilt daher: Verstehe Deinen Kapitalgeber!

Zum Beispiel zeigen sich Banken bei der Finanzierung von Unternehmen mit neuen Geschäftsideen nach wie vor sehr zurückhaltend. Banken können aber mit den richtigen Förderinstrumenten (zum Beispiel mit Garantien von Förderstellen) sehr wohl zur Finanzierung bewegt werden.

Investoren denken grundlegend anders. Kapitalrenditen stehen nicht immer im Vordergrund. Es geht oft auch darum, ob der Geschäftsinhalt des neuen Unternehmens zum Branchenfokus des Investors passt. Strategische Investoren folgen auch unternehmensstrategischen Zielen: Wie kann das Unternehmen zukünftig ins Mutterunternehmen eingebunden werden? Welche symbiotischen Möglichkeiten bestehen?

Bei privaten Investoren wiederum ist neben den Renditechancen oft zusätzlich entscheidend, ob die persönliche Chemie zwischen Gründer und Investor stimmt.

Bei den Neugründungen in Österreich ist es für viele Gründungswillige schwierig den Unterschied bzw. die Abgrenzungen zwischen Start-up-, Outsourcing-, Spin-off-, MBO- und MBI- Gründungen zu erkennen. Diese Gründungsformen sollen in diesem Abschnitt näher betrachtet werden.

Gründung von Start-ups

Ein Start-up (oder Startup) ist ein junges Unternehmen, das durch zwei Besonderheiten gekennzeichnet ist: Es hat eine innovative Geschäftsidee, und es wird mit dem Ziel gegründet, schnell zu wachsen.
Oft haben die Gründer und Investoren die Absicht, das Unternehmen nach wenigen Jahren zu verkaufen - entweder an ein etabliertes Großunternehmen durch Beteiligung bzw. Übernahme, oder an viele Aktionäre durch einen Börsengang.

Damit ist nicht jedes neu gegründete Unternehmen ein Start-up. Zum Beispiel Handwerksbetriebe wie Tischler und Friseure oder Freiberufler wie Architekten und Rechtsanwälte - diese starten im Regelfall weder mit einer innovativen Geschäftsidee, noch haben sie das vorrangige Ziel, schnell zu wachsen.

Beim Franchising ist der Franchisenehmer ebenfalls kein Start-up, aber der Franchisegeber kann es durchaus sein. Copycat-Unternehmen (engl. für ‚Nachahmer', ‚Trittbrettfahrer') im Internet-Bereich, welche ein Geschäftsmodell von einer anderen Firma übernommen haben, werden auch oft als Start-ups bezeichnet, aber auch sie erfüllen meist nur bedingt das Kriterium der Innovation.

Zur Finanzierung von einem Start-up-Unternehmen kommen folgende Finanzierungsformen infrage:
3F (Friends, Family, Fools), Inkubatorfinanzierung, Business Angels, Superangels, Förderungen, Crowdfunding, strategische Investoren, klassische Bankfinanzierung.

Outsourcing, Spin-off, MBI, MBO

Bei einer Ausgründung bzw. beim Outsourcing werden bestimmte Unternehmensabteilungen in die Selbständigkeit „entlassen". Aus der Marketing-Abteilung kann z.B. eine selbständige Werbeagentur werden, oder aus der Personalabteilung eine Personalberatung.
Die betreffende Abteilung kann so von einem externen (Einzel-) Gründer oder auch einem externen Unternehmen übernommen werden.

Die Spin-off-Gründung ist eine Variante des Outsourcings. Charakteristisch ist hier allerdings die enge Partnerschaft zwischen dem Mutterunternehmen (Inkubator) und dem neu gegründeten Unternehmen. Der Inkubator stellt in der Regel fachliches Know-how, unternehmerische Erfahrung, Kontakte zu Kunden und Lieferanten, Netzwerke und eventuell auch Betriebsräume zur Verfügung.

Spin-off-Unternehmen werden meist zum Zwecke der Erschließung neuer Geschäfts- und Technologiefelder, aus Gründen der Risikoauslagerung, wegen der Beschränkung auf Kernkompetenzen oder im Rahmen des Outsourcings überwiegend als abhängige Tochterunternehmen gegründet.

Ein Spin-off wird insbesondere mit Ausgründungen aus Hochschulen in Verbindung gebracht. In diesem Zusammenhang wird unter einer Spin-off-Gründung ein neues Unternehmen verstanden, dessen Ziel die wirtschaftliche Verwertung von Erfindungen aus Hochschulen oder Forschungseinrichtungen ist. Diese Unternehmen werden dann mitunter von regionalen Gründervereinigungen bzw. auf Bundesebene mit zahlreichen regionalen und nationalen Initiativen gefördert und unterstützt.

Unter Management-Buy-out (MBO) wird die Übernahme eines Unternehmens durch das eigene Management verstanden – in der Regel findet dies durch leitende Angestellte oder die Geschäftsführung statt.
Der MBO ist aber auch beim Generationswechsel in Unternehmensleitungen eine mögliche Form der Unternehmensgründung beziehungsweise der Weiterführung eines Unternehmens.

Management-Buy-in (MBI) bezeichnet dagegen die Übernahme eines Unternehmens durch (fremde) Manager von außen.

Zu diesen Gründungsformen gibt es folgende Finanzierungsformen:
Klassische Bankfinanzierung, Finanzierung via Kooperationspartner, Sale and Lease Back, Mezzaninkapital, Franchise, eigenkapitalstärkende Finanzierungsformen, Family Offices, Förderungen.

Eigentümerwechsel

Unternehmen zu kaufen, erfordert Kapital, egal ob Sie das Zielunternehmen ganz oder teilweise ankaufen. Aber auch wenn Unternehmen aus einem Nachlass vererbt werden oder eine Übergabe an einen Unternehmensnachfolger erfolgt, wird ein Kapitalbedarf entstehen. Und wenn Sie Ihr Unternehmen verkaufen wollen, ist es ebenfalls sinnvoll finanzierungsseitig vorbereitet zu sein. Ihr Unternehmen erfährt eine zusätzliche Aufwertung, wenn der Käufer Ihres Unternehmens eine Finanzierung für den Kaufbetrag wesentlich rascher erhält. Je nach Ausgangslage gibt es in dieser Situation viele Möglichkeiten den entstehenden Kapitalbedarf zu decken.

Betriebsübergaben / Unternehmensnachfolge

In jedem Unternehmen kommt es früher oder später zu einem generationsbedingten Wechsel. Familienmitglieder wachsen in die Geschäftsführung des Familienbetriebes hinein oder erhalten durch Schenkung beziehungsweise Erbschaft einen mehr oder minder großen Anteil an einem Unternehmen. Diese Art der Betriebsübergabe und Unternehmensnachfolge kann man schon nahezu als klassisch bezeichnen. Idealerweise wird die Übergabe des Betriebes oder die Unternehmensnachfolge aber rechtzeitig vorgenommen, noch bevor Krankheit oder Tod des bisherigen Firmeninhabers eine geordnete Nachfolge zusätzlich erschweren.
In Österreich stehen bis 2023 (Stand 2014, Quelle WKO) schätzungsweise über 30 000 Familienunternehmen vor der sogenannten Nachfolgeproblematik, da in der näheren Verwandtschaft Interessenten für eine Betriebsübergabe fehlen. Falls doch vorhanden, fehlt den möglichen Nachfolgern oftmals entweder ausreichendes unternehmerisches Know-how oder der nötige finanzielle Rückhalt.

Die Finanzierung für eine Betriebsübergabe muss an die Situation des neuen Eigentümers angepasst werden. Hier ist mitunter viel Fingerspitzengefühl gefragt! Zum Beispiel müssen bisherige Kapitalgeber überzeugt werden einen neuen Schuldner anzuerkennen und den alten Schuldner gegebenenfalls zu entlassen. Bei einer Betriebsübergabe besteht aber auch die Chance, die Finanzierungssituation des zu übernehmenden Unternehmens neu zu ordnen beziehungsweise zu verbessern.

Dazu gibt es folgende Finanzierungsformen:
Klassische Bankfinanzierung, Mezzaninkapital, Family Office, Sale and Lease Back, eigenkapitalstärkende Finanzierungsformen, Finanzierung via Kooperationspartner, Franchising, Förderungen.

Firmenkauf

Wenn Sie einen eingeführten Betrieb kaufen, übernehmen Sie gleichzeitig auch dessen bisherige Marktposition, dessen Kunden und Lieferanten sowie Mitarbeiter/innen. Wichtig ist, dass Sie sich Klarheit über die Erfolgsaussichten des Betriebs verschaffen. Wenn diese Überlegungen für Sie positiv ausfallen, dann gilt es den Kaufpreis zu finanzieren. Wie bei einer Unternehmensnachfolge oder Betriebsübergabe kann aber auch hier gleichzeitig die Finanzierungssituation des gekauften Unternehmens optimiert werden. Und auch hier gilt, dass bisherige Kapitalgeber überzeugt werden wollen, einen neuen Schuldner anzuerkennen, um bisherige Konditionen beizubehalten oder sogar zu verbessern.

Zum Firmenkauf gibt es die gleichen Finanzierungsformen wie bei einer Unternehmensnachfolge:
Klassische Bankfinanzierung, Mezzaninkapital, Family Office, Sale and Lease Back, eigenkapitalstärkende Finanzierungsformen, Finanzierung via Kooperationspartner, Franchise, Förderungen

Beteiligungskauf

Ein Unternehmen übernehmen - allein oder mit einem Partner? Das ist eine häufig gestellte Frage!
Viele Vorteile sprechen dafür einen Betrieb nicht alleine, sondern gemeinsam mit einem Partner zu kaufen. Hier einige Beispiele dazu:

- Die Verantwortung lastet nicht ausschließlich auf Ihren Schultern, das Risiko wird geteilt.
- Sie können sich die Aufgaben teilen und sich gegenseitig vertreten.
- Die Anzahl Ihrer eigenen Kontakte und (potentiellen) Kunden vergrößert sich um jene Anzahl, die Ihr Partner einbringen kann.
- Ihre beiden fachlichen (auch unterschiedlichen) Kenntnisse ergänzen sich.
- Nicht zuletzt ist die Finanzierung des Betriebs ein wichtiges Argument für eine Partnerschaft. Einer allein ist oft nicht in der Lage die erforderlichen Gründungsinvestitionen zu finanzieren, beziehungsweise die für eine Fremdfinanzierung notwendigen Sicherheiten einzubringen.

Für die Beteiligung an einen Betrieb gelten dieselben Empfehlungen wie für die Übernahme eines gesamten Betriebs. Vom Preis für die Beteiligung, von den Zukunftsaussichten des Betriebs und von den konkreten Regelungen des Gesellschaftsvertrags hängt es ab, ob der Einstieg in das Unternehmen sinnvoll ist oder nicht.

Wenn Sie eine Firma teilweise übernehmen und dafür den Kaufpreis finanzieren wollen, bieten sich folgende Finanzierungsformen an:
Klassische Bankfinanzierung, Förderung, Finanzierung via Kooperationspartner, eigenkapitalstärkende Finanzierungsformen.

Standortfinanzierungen

An jedem Betriebsstandort sind unterschiedliche Bereiche zu finanzieren. Manchmal handelt es sich um Investitionsgüter oder Teile des unternehmerischen Umlaufvermögens, manchmal auch um die Gewerbeimmobilie selbst.

Investitionsgüterfinanzierung

Unter einem Investitionsgut, auch Kapitalgut genannt, versteht man im weitesten Sinne industrielle Erzeugnisse, die für die Produktion von Gütern notwendig sind. Investitionsgüter werden in der Regel über mehrere Produktionsperioden hinweg längerfristig bzw. mehrmalig genutzt. Sie werden weder verändert noch gehen sie durch Bearbeitung oder Verarbeitung in die Produkte ein.

Im Gegensatz dazu stehen Produktionsgüter, die bei der Produktion verbraucht werden (einmalige Nutzung).
Investitionsgüter können auch Leistungen sein, die ein Unternehmen zukauft, um Güter produzieren zu können, oder um diese Leistungen unverändert weiter zu veräußern.

Im Zusammenhang mit Finanzierungen wird oft auf die Unterscheidung zwischen Investitions- und Produktionsgütern verzichtet und als Investitionsgüter die Gesamtheit <u>aller</u> materiellen Güter verstanden, die für eine Produktion notwendig sind.

Für eine Finanzierung als Investitionsgüter bzw. langlebige Wirtschaftsgüter kommen also beispielsweise infrage: Maschinen, Anlagen, neue Hallen, Büroeinrichtung etc., aber auch EDV Software oder beispielsweise der Erwerb von Patentrechten.

Beachten Sie, dass die Laufzeit der Finanzierung der Lebens-, Nutzungs- bzw. der Abschreibungsdauer angepasst sein sollte.

Dazu gibt es folgende Finanzierungsformen:
Klassische Bankfinanzierung, Leasing, Mezzaninkapital, Absatzfinanzierung durch Lieferanten, eigenkapitalstärkende Finanzierungsformen, Sale and Lease Back, Innenfinanzierung bzw. Finanzierung mit Eigenkapital, Förderungen, Finanzierung durch Kooperationspartner.

Finanzierung von Gewerbe- oder Betriebsobjekten

Ein Betriebsobjekt besteht in der Regel aus dem Grundstück und allen sich darauf befindlichen Bauten. Für den Erwerb eines Betriebsobjektes gibt es mehrere Möglichkeiten. Im einfachsten Fall, wird ein Grundstück erworben, auf welchem die für das Unternehmen gewünschten Bauten bereits vorhanden sind. Oder es werden ein oder mehrere neue Bauten auf einem zuvor gekauften Grundstück errichtet. Oder aber das Unternehmen errichtet oder kauft nur die Betriebsimmobilie auf einem gepachteten Grundstück (was hinsichtlich der Höhe der Gesamtinvestition eine interessante Alternative sein kann).

Im österreichischen Recht gehen das Eigentum am Gebäude und das Eigentum am Grundstück normalerweise Hand in Hand. Eine Ausnahme stellen das Superädifikat und das Baurecht dar.

Ein Baurecht wird mittels einer eigenen Baurechtseinlage im Grundbuch eingetragen und kann für die Dauer von mindestens zehn bis maximal 100 Jahren bestellt werden. Üblicherweise ist an den Eigentümer des Grundstückes ein jährlicher Bauzins zu bezahlen.

Auf diese Weise können Unternehmen Eigentümer einer Immobilie werden, ohne den Grund und Boden zu erwerben, auf dem die Immobilie steht. Bei Erlöschen des Baurechtes fällt aber das Gebäude - in der Regel gegen Entschädigung - an den Grundeigentümer zurück.

Ein Superädifikat bezeichnet in Österreich ein Bauwerk, das auf einem fremden Grundstück errichtet wird (mit Zustimmung des Grundeigentümers und gegen regelmäßiges Entgelt – z.B. Pachtzins), welches aber, nach den Vorstellungen des Gesetzgebers, nicht dauerhaft auf dem Grundstück verbleiben soll.

Diese "fehlende Belassungsabsicht" ist ein wichtiges Merkmal für ein Superädifikat, wird aber in der Praxis nicht zu streng gehandhabt. Es ist aber nicht möglich, dass ein Grundstückseigentümer, auf dessen Grundstück sich bereits ein Gebäude befindet, dieses Gebäude als Superädifikat verkauft und das darunterliegende Grundstück behält.

Anders als im gesetzlichen Normalfall fallen beim Superädifikat das Eigentum am Bauwerk und das Eigentum am Grundstück auseinander. Das Eigentum am Bauwerk wird nicht im Grundbuch eingetragen, sondern durch Urkundenhinterlegung erworben. Ein Beispiel dafür sind die Markt- und Praterhütten in Wien, oft aber auch Gewebeobjekten in Form von Lagerhallen oder Büros in Containerbauweise.

Baurechte und Superädifikate werfen aber zahlreiche rechtliche Probleme auf, wie etwa im Fall eines Weiterverkaufes bzw. im Todesfall des Immobilienbesitzers. Ein weiteres Problem kann die Finanzierung darstellen, denn finanzierende Banken sehen derlei Sondersituationen nicht gerne. Prinzipiell sind Finanzierungen von Gewerbe- oder Betriebsobjekten mit Baurechtseinlage und Superädifikat aber möglich.

Lassen Sie sich in jedem Fall umfassend beraten, nicht nur, wenn Sie ein Baurecht oder Superädifikat besitzen oder die Absicht haben, ein solches zu erwerben.

Da es sich beim Erwerb eines Betriebsobjektes um ein Investitionsgut handelt, bieten sich die gleichen Finanzierungsformen an:
Klassische Bankfinanzierung, Leasing, Mezzaninkapital, Absatzfinanzierung durch Lieferanten, eigenkapitalstärkende Finanzierungsformen, Sale and Lease Back, Innenfinanzierung bzw. Finanzierung mit Eigenkapital, Förderungen, Finanzierung durch Kooperationspartner.

Erweiterungsfinanzierung

Erweiterungsfinanzierungen zählen zu Investitionsgüterfinanzierungen, sollen hier aber eigens erwähnt werden. Erweiterungsfinanzierungen dienen bei bereits bestehenden Unternehmen zur Finanzierung von Investitionen, um deren betriebliche Leistungsfähigkeit zu vergrößern.

Erweiterungsinvestitionen umfassen sowohl horizontale Erweiterungen – das sind Investitionen zur Ausweitung des Produktions- und Absatzprogramms - als auch vertikale Erweiterungen – also eine Vergrößerung der Produktionstiefe durch Hinzufügen weiterer Produktionsstufen.

Die hierzu passenden Finanzierungsformen sind die gleichen wie bei der Investitionsgüterfinanzierung:
Klassische Bankfinanzierung, Leasing, Mezzaninkapital, Absatzfinanzierung durch Lieferanten, eigenkapitalstärkende Finanzierungsformen, Sale and Lease Back, Innenfinanzierung bzw. Finanzierung mit Eigenkapital, Förderungen, Finanzierung durch Kooperationspartner.

Finanzierung von Umlaufvermögen

Unternehmenseigenes Umlaufvermögen fremd zu finanzieren verursacht zwar Finanzierungskosten, bringt aber den Vorteil, dass bisher gebundenes Kapital wieder frei verfügbar wird. Zu fremdfinanzierbarem Umlaufvermögen zählen:

- Vorräte/Vorratsvermögen, wie zum Beispiel: Roh-, Hilfs- und Betriebsstoffe, fertige und unfertige Erzeugnisse, Leistungen, Waren und geleistete Anzahlungen
- Forderungen und sonstige Vermögensgegenstände (mit einer Restlaufzeit von mehr als einem Jahr) wie zum Beispiel: Forderungen aus Lieferungen und Leistungen, Forderungen gegen verbundene Unternehmen, Forderungen gegen Unternehmen, mit denen ein Beteiligungsverhältnis besteht, und sonstige Vermögensgegenstände
- Wertpapiere, Anteile an verbundenen Unternehmen, eigene Anteile, sonstige Wertpapiere

Für die Finanzierung von Umlaufvermögen kommen folgende Finanzierungsformen in Frage:
Factoring, Betriebsmittelkredit, Sale and Lease Back, Innenfinanzierung bzw. Finanzierung mit Eigenkapital.

Schließung der Gesamtfinanzierung

Ihr Unternehmen möchte eine Investition tätigen, aber in der Gesamtfinanzierung gibt es eine Lücke? Wenn keiner Ihrer bisherigen Finanzierungspartner weiteres Kapital bereitstellt, bieten sich folgende Finanzierungsformen an, um diese Lücke zu schließen:
Mezzaninkapital, Förderungen, Leasing, eigenkapitalstärkende Finanzierungsformen, Family Office, Finanzierung durch Kooperationspartner, Wechseldiskontkredit, Franchise, Sale and Lease Back.

Erhöhung des Marktanteiles

In einer globalisierten Welt unterliegen die Märkte einem raschen Wandel. Marktanteile können sich mitunter rasch verschieben und es ist daher notwendig stets über neue Märkte und Projekte nachzudenken.
Für jede Marktexpansion sind vorab detaillierte Marktanalysen zu erstellen. Darauf basierend wird eine Planrechnung ausgearbeitet. Die Planrechnung definiert dann den Kapitalbedarf.
Es gilt: Unbekannte Märkte bergen höhere Risiken aber möglicherweise auch Chancen. Dieser Umstand sowie eventuelle Wechselkursrisiken sind in die Kalkulation aufzunehmen.
Wenn Sie Ihre Marktposition stärken oder Ihren Absatz steigern wollen, halten Sie dabei Ihre Kapitalkosten gering. Es gibt viele Möglichkeiten den Kapitalbedarf zu decken. Neben der Finanzierung mittels Fremdkapital bieten sich hier – vor allem, wenn Exporte im Raum stehen - viele Möglichkeiten Förderungen von der öffentlichen Hand zu erhalten. Und zwar sowohl in Österreich als auch in der EU und international! Davon abgesehen gelten grundsätzlich ähnliche Rahmenbedingungen wie bei der Unternehmensexpansion.

Absatzsteigerung – Absatzfinanzierung

Unter Absatzsteigerung versteht man, dass ein Unternehmen mehr von seinen produzierten Waren oder Dienstleistungen verkauft (mehr abgesetzt) hat. In der Regel geht dies mit einer Umsatzsteigerung einher und natürlich mit dem Ziel, so mehr Gewinn zu erzielen.
Dies muss aber nicht unbedingt bedeuten, dass durch ein Mehr an Verkauf von Waren oder Dienstleistungen in direkter Folge daraus ein höherer Gewinn erzielt wird. Ein

höherer Gewinn für das Unternehmen kann beispielsweise auch dadurch erreicht werden, dass durch Abverkauf oder durch eine raschere Drehung der Lagerbestände die Lagerhaltungskosten gesenkt wurden.

Können Sie sich vorstellen, dass Ihr Umsatz steigt, wenn Sie Ihren Kunden den Kauf Ihrer Produkte oder Dienstleistungen dadurch erleichtern, indem Sie die Finanzierung dafür gleich mitliefern?

Kredite, die Sie Ihren Kunden verschaffen, werden als Absatzfinanzierung bezeichnet. Das Kapital dafür kommt meist von einer Bank oder Leasinggesellschaft, die sozusagen "zwischengeschaltet" ist. Der Kredit- oder Leasingbetrag wird an Sie als Lieferant ausbezahlt, der Kredit wird von Ihrem Kunden zurückbezahlt. Dieser „Service" erhöht Ihre Chance auf den Geschäftsabschluss erheblich. Die Bezahlung erfolgt sofort und für Sie ohne Ausfallsrisiko! Damit stärken Sie Ihre Liquidität und verkürzen Ihre Bilanz. Das führt zu einer Rating-Verbesserung und senkt so wiederum Ihre Kapitalkosten.

Die Absatzfinanzierung für Privatkunden erfolgt im Konsumbereich meist in Form von Privatkrediten. Im gewerblichen Bereich ist neben der Form des Leasings eine Vielzahl von Finanzierungsformen und Kreditarten möglich.

Entstanden sind Absatzfinanzierungen erstmalig bei der Finanzierung von Kochtöpfen und in weiterer Folge von Haushaltsgeräten und Unterhaltungselektronik. Die Absatzfinanzierung erlangt mittlerweile für Unternehmen aller Branchen zunehmende Bedeutung. Beispielsweise übernehmen große Handelsketten bereits die Subventionierung der Zinsen für Privatkredite, um den Absatz Ihrer Produkte zu forcieren. In den letzten Jahren wurden auch für andere Bereiche des Konsums Finanzierungen angeboten, wie z. B. bei Schönheitsoperationen und bei der Finanzierung eines Zahnersatzes.

Einen besonderen Stellenwert hat mittlerweile die Absatzfinanzierung im Bereich der Automobilfinanzierung. Beinahe alle großen Autohersteller haben dafür eigene Banken gegründet (sogenannte „Captives"), bzw. haben mit Banken und Leasinggesellschaften entsprechende Kooperation abgeschlossen.

Beispiele von Hersteller-gebundenen oder Hersteller-verbundenen Absatzfinanzierern sind:

BMW Financial Services
Daimler Financial Services
Toyota Financial Services
Volkswagen Financial Services

Immobilienentwickler, Makler und Branchen aus dem Bereich Wohnraumsanierung bieten bereits oft auch die Vermittlung von Hypothekarkrediten bzw. Bausparfinanzierungen an.

Zur Umsatzsteigerung gibt es folgende Finanzierungsformen:
Klassische Bankfinanzierung, Leasing, Factoring, Absatzfinanzierung durch Lieferanten, Förderung.

Innovationsfinanzierung

Die Entwicklungskosten bei Verfahren- oder Produktinnovationen sind ein oft unterschätztes Risiko. Entwicklung und Innovation kosten! Wenn Sie hierfür von Banken oder Investoren Kapital zu Verfügung gestellt bekommen wollen, ist es entscheidend, ob Sie darstellen können, dass mit der Investition zukünftig Geld verdient werden kann.
Wie bei einer Unternehmensgründung ist also ein Geschäftskonzept vorzulegen, in welchem die Beantwortung folgender Fragen besonderen Stellenwert hat:

- Welches Kundenbedürfnis soll durch die Innovation befriedigt werden?
- Warum soll der Kunde gerade dieses und nicht ein anderes Produkt kaufen?
- Welche Vorteile hat der Kunde?
- Ist der Vorteil die (zusätzlichen) Entwicklungskosten wert?

Innovationen lassen sich wie folgt finanzieren:
Klassische Bankfinanzierung, Inkubatorfinanzierung, Mezzaninkapital, Family Offices, Förderungen, Crowdfunding, strategische Investoren, Business Angels, Kooperationspartner.

Projektfinanzierung

Wünschen Sie eine Finanzierung, die auf die Ertragskraft Ihres Projektes abgestimmt ist? Hierfür Investoren oder eine finanzierende Bank bzw. Leasingfinanzierung zu finden gestaltet sich oft schwierig. Finanzierungstechnisch sind Projektfinanzierungen besonders anspruchsvoll, weil den Investoren bzw. Gläubigern meist keine oder nur wenig Sicherheiten angeboten werden können.
Die Finanzierungsmöglichkeit und die Höhe der Finanzierungskosten hängen hier ganz besonders von der Beantwortung folgender Fragen ab:

- Wie glaubhaft sind die zukünftigen Einnahmen?
- Welche zusätzlichen Risiken können auftreten?
- Gibt es Bonitätsrisiken bei Käufern oder Kunden?
- Halten die (Ausfalls-) Garantien jener Institute, die solche Garantien gewähren?

Projekte im Ausland bergen oft zusätzliche Risiken wie mangelnde Rechtssicherheit und politische Instabilität, sowie ein erhöhtes Wechselkursrisiko, eine höhere Inflation und ein eventuell höheres Zahlungsausfallrisiko. Maßnahmen, die bei Investoren und Kapitalgebern Vertrauen schaffen, sind folglich sehr wichtig. Referenzprojekte anführen zu können ist sinnvoll und mitunter notwendig.

Ihr Projekt kann finanziert werden mit:
Förderungen, klassische Bankfinanzierung, Mezzaninkapital, Family Offices, strategische Investoren, Business Angels, eigenkapitalstärkende Finanzierungsformen, Finanzierung via Kooperationspartner.

Exportfinanzierung und Internationalisierung

Wollen Sie neue Märkte erschließen? Brauchen Sie Kapital um Ihre Exportmaßnahmen zu finanzieren? Suchen Sie nach einer Finanzierung, um ein Investment im Ausland vornehmen zu können?
Internationalisierung ist für die Weiterentwicklung vieler Unternehmen sehr wichtig. Mit einem durchdachten Finanzierungskonzept wird die Durchführung des Exportgeschäfts sehr erleichtert.

Bitte beachten Sie auch: Wenn Sie die Finanzierung zu einem Produkt oder Ihrer Dienstleistung Ihrem potentiellen Kunden gleich mit anbieten können, haben Sie einen klaren Vorteil gegenüber Ihren Mitbewerbern und haben das Geschäft meist schon gemacht. Bei solch einer *Absatzfinanzierung* bietet sich grundsätzlich die *klassische Finanzierung* oder das *Exportleasing* an. Auch hier schützt eine *Forderungsversicherung* vor Zahlungsausfällen.

Zur Exportfinanzierung bieten sich an:
Förderungen, klassische Bankfinanzierung, Leasing.

Finanzierung von Handels- und Transitgeschäften

Handelswaren günstig zwischenzufinanzieren ist oft eine Herausforderung für Unternehmen. Aber ohne eine solche Finanzierung wird firmeneigene Liquidität gebunden, mitunter zusätzlich durch folgende Faktoren:

- Längere Lieferzeiten durch längeren Transport verursachen längere Zahlungsziele.
- Eventuell muss ein Zwischenlager eingerichtet werden.
- Ein Lager verursacht Kosten und ist nicht beliebig erweiterbar.
- Ein Lagerbestand sollte möglichst oft gedreht werden, denn ein hoher Lagerstand ist „totes Kapital".

Die Möglichkeit Neugeschäft zu machen sinkt, wenn die Zahlungsziele Ihrer Kunden nicht reduziert werden können! Kapital für Ihre Zwischenfinanzierung bereitstellen zu können und die Höhe der Kapitalkosten definieren den Geschäftserfolg.
Zahlungsausfälle können mit *Forderungsversicherungen* abgesichert werden.

Zur Handelsfinanzierung gibt es folgende Finanzierungsformen:
Betriebsmittelkredit, Lieferantenkredit, Förderungen, Finanzierung via Kooperationspartner, Mezzaninkapital, Innenfinanzierung bzw. Finanzierung mit Eigenkapital, Family Offices, Factoring.

Finanzierung des Produktlebenszyklus

Nicht nur die Entwicklung, auch die Markteinführung jedes neuen Produktes weist anfänglich einen hohen Kapitalbedarf auf. Aber selbst wenn die Markteinführung erfolgreich abgeschlossen ist, besteht weiterer Kapitalbedarf, um ein Produkt „am Leben zu erhalten".

Immer kürzere Produktlebenszyklen und steigender Margendruck zwingen Unternehmen laufende Finanzierungen zu optimieren. Finanzierungen gleich von Beginn an auf einen eher kürzeren Produktlebenszyklus auszulegen scheint daher sinnvoll. Die Vorgangsweise bei der Investorensuche entspricht weitgehend jener einer Projektfinanzierung; unklar bleibt hier allerdings zu Beginn, wie hoch der zukünftige (Gesamt-) Absatz sein wird.

Als Finanzierungsformen bieten sich hier an:
Eigenkapitalstärkende Finanzierungsformen, Mezzaninkapital, klassische Bankfinanzierung.

Änderung der unternehmerischen Finanzierungssituation

Trotz bestmöglicher Vorbereitung und unternehmerischem Können kann es immer wieder vorkommen, dass Unabwägbarkeiten eintreten, die ein Unternehmen zwingen seine gesamte Finanzierungssituation neu zu überdenken und auszurichten:
Ein zuerst äußerst erfolgreich erscheinendes Projekt erweist sich als Fehlschlag, oder ein Investor gerät selbst in Schieflage und zieht sein Kapital überraschend zurück.

Wenn derartige Situationen eintreten, ist ein rasches und entschlossenes Handeln gefordert.
Aber auch wenn sich ein Projekt deutlich besser entwickelt als ursprünglich angenommen, kann Handlungsbedarf entstehen.

Entschuldungs-, Enthaftungsfinanzierungen

Sie wollen sich entschulden und dabei auch gegebenenfalls Ihre (privaten) Haftungen reduzieren? Kapitalgeber stimmen einem derartigen Ansinnen nur dann zu, wenn Sicherheiten oder Haftungen wieder in neuer Form eingebracht werden.

Auch wenn die Sicherheiten in der verpfändeten Höhe nicht mehr erforderlich sind, verzichten Kreditgeber in der Regel erst bei Androhung von Umschuldung zu einem anderen Bankinstitut oder Kapitalgeber auf Sicherheiten. So ist es eine Gratwanderung Sicherheiten freizubekommen, ohne die Finanzierung umschulden zu müssen.
In Fällen, bei denen bisherige Kapital- oder Garantiegeber ausfallen, unterstützen manchmal Förderstellen mit ihren Garantien den Kreditnehmer. Es können auch Investoren

Eigenkapital einbringen, damit sich das Bilanzbild verbessert und das Bankrating steigt. In Kombination mit einer tragfähigen Planrechnung geben Banken in manchen Fällen so Sicherheiten und Haftungen frei.

Folgende Finanzierungsformen ermöglichen eine Entschuldung bzw. eine Reduktion bestehender Haftungen:
Eigenkapitalstärkende Finanzierungen, Sale and Lease Back, Franchise, Finanzierung via Kooperationspartner.

Umschuldungsfinanzierung

Wenn die Verhandlung mit Ihren bisherigen Bankpartnern nicht den gewünschten Erfolg bringt, bleibt immer noch die Möglichkeit zu einem anderen Kreditinstitut oder Kapitalgeber zu wechseln. Es gilt dabei abzuwägen, ob die dadurch entstehenden Kosten eine Umschuldung rechtfertigen.

Für eine Umschuldung bieten sich als Finanzierungsformen an:
Klassische Bankfinanzierung, eigenkapitalstärkende Finanzierungen, Sale and Lease Back, Franchise, Finanzierung via Kooperationspartner.

Sanierungsfinanzierungen, Restrukturierungen

Sie wollen die Finanzierung Ihres Unternehmens restrukturieren? Benötigt Ihr Unternehmen eine finanzielle Sanierung?
Zuerst ist es notwendig im Rahmen eines Krisenmanagements festzustellen, ob die Weiterführung des Unternehmens sinnvoll ist. Falls ja, gilt es primär die Zahlungsfähigkeit des Unternehmens aufrecht zu halten. Es ist eine Fortbestandsprognose zu erstellen und auf Basis der dar-

aus resultierenden Ergebnisse müssen umgehend mit allen Gläubigern Verhandlungen aufgenommen werden und zwar hinsichtlich neuer Zahlungsziele, Ratenvereinbarungen oder auch Nachlässen.

Weiter ist es sinnvoll neben den bisherigen Kapitalgebern auch neue Investoren zu finden. Investoren sind an einer Beteiligung an Unternehmen interessiert, auch oder gerade weil diese Unternehmen eine Restrukturierung oder Sanierung erfahren, sofern das Geschäftsmodell des Unternehmens vernünftigen Ertrag verspricht und die Rahmenbedingungen grundsätzlich passen.

Durch die schwierige Ausgangslage ist das gegenseitige Vertrauen oft in Mitleidenschaft gezogen und dies kann sich im Rahmen einer Sanierung als problematisch erweisen. Eine zu lange Verhandlungsdauer kann die Liquidität eines Unternehmens endgültig zum Versiegen bringen, sodass schließlich trotz aller vorangegangenen Bemühungen eine Insolvenz nicht mehr zu verhindern ist.

Vertrauen zwischen betroffenem Unternehmen, Gläubigern und Kapitalgebern lässt sich nur auf einer positiven menschlichen Verbindung (erneut) aufbauen, muss aber auch mit den Zahlen der Fortbestandsprognose untermauert sein. Rasches Handeln und Reagieren sind jedenfalls wichtige Bausteine um das Vertrauen wiederherzustellen. So sind zum Beispiel geforderte Planrechnungen, Unterlagen usw. kurzfristig vorzulegen und vereinbarte Fristen sowie Termine pünktlich einzuhalten.

Für eine Sanierung bzw. Restrukturierung gibt es folgende Finanzierungsformen:
Klassische Bankfinanzierung, Sale and Lease Back, Franchise, Finanzierung via Kooperationspartner, eigenkapitalstärkende Finanzierungsformen, Förderungen.

Umwandlung von Schulden – Bilanzoptimierung

Wollen Sie die Bonität Ihres Unternehmens verbessern? Dann müssen Sie die Bilanzkennzahlen optimieren! Bonität und Rating werden aufgrund von Bilanzkennzahlen festgelegt. Bilanzkennzahlen beschreiben das Verhältnis bestimmter Bilanzzahlen zueinander. Die wichtigsten Bilanzkennzahlen sind Ihren Kapitalgeber bekannt, denn diese beurteilen die Bonität Ihres Unternehmens mittels dieser Zahlen.

Folglich sollten auch Sie die Bilanzkennzahlen, die Ihr Kapitalgeber verwendet, kennen. Das ist ausgesprochen wichtig und in vielen Fällen sagt Ihnen der Kapitalgeber auch, worauf er besonders wert legt. Aufbauend auf diesem Wissen können Sie nun Ihre Bilanz optimieren.

Eine Möglichkeit besteht darin, die Kapitalstruktur Ihres Unternehmens umzubauen. Vereinfacht gesagt werden Ihre bestehenden Schuldverhältnisse in andere Finanzierungsarten umgewandelt. Die Schulden bleiben grundsätzlich weiterbestehen, scheinen aber an anderer Stelle in der Bilanz auf. So lassen sich mitunter die Bilanzkennzahlen verbessern.

Beispiele hierfür können sein:

- Umwandlung eines Bankkredites in Leasing
- Umwandlung eines Bankkredites in eine Lösung via Mezzaninkapital
- Einsatz von Factoring statt eines Betriebsmittelkredites

Folgende Finanzierungsformen dienen der Bilanzoptimierung:
Leasing, Factoring, Sale and Lease Back, Innenfinanzierung bzw. Finanzierung mit Eigenkapital, eigenkapitalstärkende Finanzierungsformen, Family Offices, Förderungen.

Verbesserung der Eigenkapitalstruktur

Braucht Ihr Unternehmen Eigenkapital? Zeigen die Bilanzkennzahlen, dass Ihre Eigenkapitalquote zu gering ist? Eigenkapitalzufuhr verbessert das Bilanzbild, erhöht das Bankrating und senkt damit die Kapitalkosten. Zusätzliches Eigenkapital ist die Voraussetzung für weitere Fremdkapitalfinanzierung und macht oft den Weg frei für unterschiedliche Unternehmensförderungen. Neben dem Aufbau von Eigenkapital durch das Einbehalten von Gewinnen kann Eigenkapital auch von außen zugeführt werden. Eigenkapital stammt von Investoren oder Förderstellen und kann in unterschiedliche Beteiligungsformen münden.

Investoren verfolgen unterschiedliche Ziele. Neben dem klassischen Ertragsgedanken erfolgen Beteiligungen aus strategischen Gründen, in manchen Fällen aber auch steuerlich motiviert. Sie als Unternehmer müssen wissen, welchen Typ von Investor Sie ansprechen wollen und können. Sie müssen die Interessen Ihrer Investoren kennen und verstehen, um eine angemessene Verhandlungsstrategie wählen zu können. Die Stärke Ihrer Verhandlungsposition und Ihr Geschick entscheiden darüber, wie viel Kapital in Ihr Unternehmen fließt und wie viele Unternehmensanteile Sie dafür abgeben müssen.

Folgende Finanzierungsformen helfen:
Eigenkapitalstärkende Finanzierungsformen, Family Offices, Mezzaninkapital (bedingt - sofern Eigenkapital stärkend), Franchise, Innenfinanzierung bzw. Finanzierung mit Eigenkapital, Finanzierung via Kooperationspartner, Sale and Lease Back, Förderungen.

Finanzierungsarten

Ein Unternehmen durchläuft während seines Bestehens typischerweise unterschiedliche Phasen. Selten ist eine einmalige Investition für den gesamten Lebenszyklus eines Unternehmens ausreichend. Jede Unternehmenslebensphase ist durch individuelle Herausforderungen und Risiken charakterisiert. Daher kommen je nach Phase unterschiedliche Finanzierungsinstrumente zum Zug. Zum Beispiel brauchen Unternehmen in der Gründungsphase andere Finanzierungsinstrumente als bereits etablierte Unternehmen. Unterschiedliche Branchen verlangen ebenfalls nach unterschiedlichen Finanzierungsinstrumenten.
Die klassische Bankfinanzierung hat zwar weiterhin einen festen Platz in der Finanzierungslandschaft, verliert aber zunehmend an Bedeutung. Das gilt besonders bei Unternehmensgründungen und für Investitionen von Unternehmen mit kurzfristigem, starkem Wachstum. Moderne und innovative Finanzierungsformen, wie zum Beispiel Factoring, Mezzaninfinanzierungen, Leasing oder Crowdfunding-Lösungen halten vermehrt Einzug in das Geschäftsleben.

In den meisten Fällen wird jedoch eine Kombination (ein Finanzierungsmix) zu einer optimalen Gesamtfinanzierung führen. Dieser besteht aus Bankfinanzierungen, Investorenbeteiligungen, alternativen Finanzierungsformen und Förderungen. Der richtige Finanzierungsmix ist dabei branchenabhängig und abhängig von der jeweiligen aktuellen Entwicklungsphase des Unternehmens. Weiter auch davon, in wieweit bereits bestehende Finanzierungen einzubinden sind.

Eine optimale Finanzierung senkt die Kapitalkosten, erhöht den Gewinn des Unternehmens, bietet Liquidität für den Ausbau des Unternehmens und sichert damit dessen Zukunft!

Bankfinanzierungen

Unternehmen brauchen die Zusammenarbeit mit Banken. Ohne Kontoverbindung geht im heutigen Geschäftsleben gar nichts mehr. Banken sind auch eine der ersten Ansprechstationen, wenn ein Unternehmen Kapital benötigt. Da Banken mit KMU-Finanzierungen mittlerweile seit Jahren immer weniger Geld verdienen, sinkt deren Bereitschaft zur Vergabe von Krediten. Und es gibt weitere gute Gründe, warum sich Banken hier zurückhaltend zeigen:

Banken sind vornehmlich an Sicherheiten interessiert, da im Fall des Scheiterns eines Unternehmens nur diese Sicherheiten verwertbar sind. Zum Beispiel sind bei Start-ups und Jungunternehmen, die sich noch im Aufbau befinden, Sicherheiten meist nicht in ausreichendem Ausmaß vorhanden. Eine finanzierende Bank oder jeder andere Fremdkapitalgeber profitiert nicht von der Wertsteigerung des Unternehmens. Im Erfolgsfall, also wenn das kreditnehmende Unternehmen seine Pläne erfolgreich umsetzt, erhält die Bank die Kreditsumme zuzüglich der vereinbarten Zinsen zurück. Im Falle des Misserfolgs (Konkurs) verliert die Bank jedoch möglicherweise den gesamten Kapitaleinsatz.

Verschärft wird diese grundsätzliche Problematik durch die strengen Eigenkapitalvorschriften Basel II und Basel III, die den Banken die Vergabe von Krediten erschwert. Daher finanzieren Banken nur mehr bei guter Bonität und/oder guter Besicherung und dieser Trend scheint sich immer weiter zu verstärken.

Erleichternd wirkt in dieser Situation nur eine professionell vorbereitete und durchgeführte Krediteinreichung. Dabei ist es unter anderem wichtig, unterschiedliche Banken gleichzeitig an der Hand zu haben, um nicht abhängig vom Entscheidungsverhalten einer einzelnen Bank zu sein.

Eine Bank ist jedenfalls als Partner zu betrachten, und nicht als Gegner. Der Zugang zu einer Bankfinanzierung funktioniert heute mehr denn je über das Verstehen des „Bankdenkens": Wer entscheidet was, wie und warum?

Apropos Partner -
Gehen Sie mit Ihrer Hausbank eine Kooperation ein: Bieten Sie Ihren Kunden eine Bankfinanzierung für Ihr Produkt oder Ihre Dienstleistung gleich mit an. Das erhöht Ihre Verkaufschancen – siehe Punkt Absatzfinanzierung!
Und - Bankfinanzierung und Förderungen gehen oft Hand in Hand. Um Kapital aus Förderungen zu erhalten, brauchen Sie eine Bank als Partner.

Eine Bankfinanzierung ist jedenfalls eine Gleichung mit vielen Variablen. Kredithöhe, Zinssatz, Ratenanzahl, Laufzeit, tilgungsfreier Zeitraum, Bearbeitungsgebühr, Nebenkosten, Sicherheiten, Klauseln und Bestimmungen im Kreditvertrag, und noch einiges mehr – all das ist verhandelbar. Welche Form der Bankfinanzierung im konkreten Einzelfall sinnvoll ist, hängt von den Rahmenbedingungen ab, zum Beispiel vom Finanzierungsanlass und der Art der getätigten Investition.

Kredit oder Darlehen?

Geht es um die Beschaffung von Fremdkapital, ist oft die Rede von Darlehen oder Krediten, denn dies sind wohl die am meistverbreiteten Formen, um sich Fremdkapital zu beschaffen. Aber was ist denn nun der Unterschied zwischen einem Kredit und einem Darlehen?

Bei einem **Darlehen** kommt der Vertrag erst bei tatsächlicher Überweisung der Darlehenssumme zustande. Bis zu diesem Zeitpunkt bestehen zwischen den Vertragspartnern, also dem Darlehensgeber und dem Darlehensnehmer lediglich Schutzpflichten, Sorgfaltspflichten und Aufklärungspflichten aus vertraglicher Sicht.

Bei einem **Kredit** beziehungsweise einem Kreditvertrag verhält es sich aber so, dass dieser Vertrag bereits durch die Vereinbarung selbst zustande kommt. Das bedeutet, dass sobald der Krediteröffnungsvertrag unterschrieben ist, sofort zwischen den beiden Vertragsparteien ein Dauerschuldverhältnis besteht.

Im weiteren Verlauf dieses Buches werden beide Begriffe immer undifferenziert verwendet, da im täglichen Sprachgebrauch auch kaum ein Unterschied zwischen Kredit und Darlehen gemacht wird. Trotzdem sollte man die eventuell juristisch relevanten Auswirkungen jedenfalls kennen und gegebenenfalls auch bedenken. Es gibt eine Vielzahl, oft phantasievoll gestalteter Namen für Darlehen und Kredite. Aber egal, ob es nun ein Darlehen oder ein Kredit ist - im Endeffekt unterscheiden sich alle Varianten prinzipiell nur in der Art der Rückzahlung bzw. Tilgung und der Art der Besicherung.

Die Gemeinsamkeit aller Darlehens- und Kreditvarianten ist, dass für geliehenes Geld Kosten entstehen.
Das sind mitunter Kosten für:
- Vertragserrichtung
- Bearbeitungsgebühren
- Kontoführung eines Kreditkontos
- Überweisungs-, Wechselspesen und Manipulationsgebühren
- Kreditrestschuld- oder Ablebensversicherung
- Öffentliche Abgaben
- Beglaubigung von Unterschriften (Notariat)

und manchmal noch einiges mehr, abhängig davon, welche Kredit- oder Darlehensart tatsächlich vorliegt.
Doch allem voran stehen die Zinsen!

Zinsen

Zinsen - das sind die Mietkosten für geliehenes Geld! Banken beschaffen sich die für eine Kreditvergabe notwendigen Gelder großteils von anderen Banken zu international täglich mehrfach festgesetzten Zinspreisen – den Interbankenzinssätzen. Dabei wird zwischen mehreren, international anerkannten Referenzzinssätzen wie EURIBOR, LIBOR oder EONIA unterschieden.

EURIBOR (Euro Interbank Offered Rate) ist ein internationaler repräsentativer Euro-Geldmarktzinssatz, der unter Banken für unbesicherte Euro-Geldanlagen mit einer Laufzeit von täglich bis zu maximal 12 Monaten gezahlt wird.

LIBOR (Abkürzung für London Inter-Bank Offered Rate) ist der Referenzzins für kurzfristige Kreditgeschäfte (overnight, also über eine Nacht bis maximal 12 Monate), der täglich unter Federführung der British Bankers' Association (BBA) für unbesicherte Geldanlagen in verschiedenen Währungen ermittelt wird.

EONIA (Euro Overnight Index Average) ist ein Durchschnitt-Zinssatz für unbesicherte Tagesgelder im Interbankengeschäft, der von der Europäischen Zentralbank EZB auf Basis effektiver Umsätze täglich berechnet wird.

Jeder von einer Bank angebotene Zinssatz ist durch diese drei Interbankenzinssätze in der einen oder anderen Weise beeinflusst.

Warum ist diese Feststellung im Zusammenhang mit dem Thema Fremdkapital so wichtig? Weil Banken diese Referenzzinssätze bei jedem Kundengeschäft mit einem Aufschlag oder einen Abschlag versehen. Erst an diesem Auf- beziehungsweise Abschlag verdient die Bank! Bei Kreditgeschäften erfolgt ein Aufschlag, bei Spareinlagen ein Abschlag. So entsteht im Rahmen von Kreditgeschäften der Nominalzinssatz, welcher dem Kunden verrechnet wird!

In einem Kreditvertrag sollte hinsichtlich der Zinsvereinbarung eindeutig festgehalten sein, welcher Referenzzinssatz dem Nominalzinssatz zugrunde liegt und wie hoch der verrechnete Aufschlag ist. Idealerweise sollte der Aufschlag in Prozent auf den jeweiligen Referenzzinssatz gesondert angegeben sein!

Mittlerweile müssen die Bankinstitute dies auch per Gesetz angeben. Allerdings mangelt es nur allzu oft an der tatsächlichen Umsetzung. Sie als Kunde können nur bei Angabe des Auf- oder Abschlages auf den Referenzzinssatz die verrechneten Zinskosten kontrollieren. Eventuell zu hoch bemessene Zinskosten können in weiterer Folge nur schwer zurückgefordert werden.

Auch wenn andere Referenzzinssätze in Darlehens- oder Kreditverträgen oder in Sparverträgen angeboten werden, wie die Sekundärmarktrendite SMR oder ein Durchschnittswert aus verschiedenen anderen Referenzzinssätzen - Sie sollten darauf bestehen, dass Ihre Verträge auf Basis der eingangs vorgestellten Interbankzinssätze ausgefertigt werden! Denn die Interbankenzinssätze LIBOR, EURIBOR und EONIA sind jederzeit z.B. im Internet abrufbar und auch deren Historie lässt sich so leicht nachvollziehen. Bei der SMR ist das schon aufwändiger und bei einem Durchschnittswert aus einem Referenzzinssatz-Mix wird es oft unmöglich.

Nach dem Grundsatz - Vertrauen ist gut, Kontrolle ist besser: Sie sollten sich die Möglichkeit der laufenden Kontrolle der zur Anwendung gekommenen Referenzzinssätze zumindest offenlassen.

Und noch ein Wert muss in Kreditverträgen angegeben sein – der *Effektivzinssatz*.

Der Effektivzinssatz ist ein theoretischer Wert ausgehend vom Nominalzinssatz zum Zeitpunkt der Kreditaufnahme. Er wird berechnet durch Addition der gesamten Zinslast über die Laufzeit und der durch die Kreditaufnahme entstehenden Kosten. Damit hat der Effektivzinssatz bei der laufenden Abrechnung von Zinsen kaum Aussagekraft, er hilft aber mitunter bei einem Vergleich von Kreditangeboten unterschiedlicher Banken und im Zusammenhang mit Fixzinsvereinbarungen.

Doch auch beim Angebotsvergleich mittels Effektivzinssatz können Tücken auftreten. Hinterfragen Sie stets, welche Kosten genau in den Effektivzinssatz eingerechnet werden. Sind beispielsweise neben der Bearbeitungsgebühr auch die Kosten für eine Kreditrestschuldversicherung oder eine Ablebensversicherung mit eingerechnet? Speziell bei älteren Kreditnehmern kann der Effektivzinssatz stark durch die unterschiedlichen Versicherungskosten beeinflusst werden.

Da wie eingangs erwähnt die Referenzzinssätze mitunter mehrmals täglich neu festgelegt werden, würden die so entstehenden Zinsschwankungen folglich auch permanent auf den Nominalzinssatz durchschlagen. Das ist für Banken verrechnungstechnisch nicht administrierbar. In den Kreditverträgen ist daher geregelt, innerhalb welcher Bandbreiten derartige Schwankungen stattfinden dürfen, bevor dies zu einer Änderung des Nominalzinssatzes führt. Dazu sollte bei schwankungsbedingten Anpassungen die Art und Weise der Rundung des Kreditzinssatzes (zum Beispiel auf das nächste 1/8 oder 1/4 Prozent, kaufmännisch usw.) ersichtlich sein.

Auch wenn nun gewisse Bandbreiten fixiert sind, spricht man hier von einem *variablen Zinssatz*.

Zinsabsicherung, Zinsoptimierung

Zinsen schwanken also über die Kreditlaufzeit! Wenn Zinsen fallen, wirkt sich das für einen Kreditnehmer günstig aus – Kredite werden billiger. Steigen die Zinsen aber an, kann sich die Kreditrückzahlung plötzlich als ein sehr kostspieliges Unterfangen herausstellen und Existenz bedrohende Ausmaße annehmen. Es gibt aber Möglichkeiten sich gegen das Risiko stark schwankender Zinsen abzusichern. Das wohl bekannteste Beispiel einer Absicherung gegen schwankende Zinsen ist eine –

Fixzinsvereinbarung

Hier wird für einen bestimmten Zeitraum ein gleichbleibender Zinssatz mit der kreditgebenden Bank vereinbart. Zum Zeitpunkt des Abschlusses einer Fixzinsvereinbarung ist der Fixzinssatz normalerweise höher als der aktuelle variable Zinssatz (eine Ausnahme kann eine so genannte inverse Zinssituation darstellen). Die tatsächliche Höhe des Fixzinssatzes ist von der vereinbarten Fixzinsdauer abhängig.
Die Dauer der Fixzinsvereinbarung kann je nach Kundenwunsch bzw. Bankenrichtlinie zum Beispiel bei Immobilienfinanzierungen zwischen 1 und 30 Jahren variieren.
Erfahrungsgemäß wird ein Fixzins für 5 bis 15 Jahre seitens der Kreditnehmer bevorzugt. Während dieses Zeitraums ist der Kreditnehmer an den vereinbarten Zinssatz gebunden.
Ab dem Zeitpunkt da diese Fixzinsbindung ausläuft, ist wieder der zu diesem Zeitpunkt gültige variable Zinssatz zu bezahlen und der Darlehens- oder Kreditnehmer somit erneut in vollem Umfang den Zinsschwankungen unterworfen. Eine Möglichkeit wäre nun mittels einer Anschlussfinanzierung - im Fachjargon einer Prolongation – eine erneute Fixzinsvereinbarung zu treffen.

Bankfinanzierungen werden zwar oft nachgesagt, sie seien konservativ, träge und bieten kaum Platz für Innovationen. An den nun folgenden Möglichkeiten lassen sich aber durchaus interessante Ansätze erkennen.

Forward-Darlehen

Forward-Darlehen sichern Ihnen heute einen Zinssatz für einen Kredit, den Sie erst in Zukunft aufnehmen. Das Darlehen wird dem Darlehensnehmer erst nach einer bestimmten Vorlaufzeit – der Forward-Periode – ausgezahlt. Während der Forward-Periode fallen für das Darlehen keine Kredit- oder Bereitstellungszinsen an.

Bei einer Immobilienfinanzierung mit Fixzinsvereinbarung ist es also mittels eines Forward-Darlehens möglich, bis zu 60 Monate vor Ablauf der Fixzinsvereinbarung den zukünftigen Zinssatz für eine Anschlussfinanzierung zu fixieren.

Neben Fixzinsvereinbarungen und Forward-Darlehen gibt es aber auch die Möglichkeit durch Ankauf von eigenständigen Finanzprodukten eine Zinssicherung durchzuführen. Diese Finanzprodukte können auch ergänzend zu bereits bestehenden Zinssicherungen eingesetzt werden, um zusätzlich eine Zinsoptimierung zu erhalten.

Zins-Cap

Ein Zins-Cap wird in Zusammenhang von Krediten mit variabler Verzinsung eingesetzt, um zu verhindern, dass die Aufwendungen für Zinszahlungen eine bestimmte Höhe, innerhalb einer definierten Zeitspanne nicht überschreiten. Es handelt sich dabei um ein Zinsderivat, welches im Wesentlichen wie ein Versicherungsvertrag funktioniert.

Ein Zins-Cap wird mittels eines einmaligen Kaufpreises (ähnlich einer Versicherungsprämie) erworben. Gelegentlich wird von Banken auch die Möglichkeit angeboten, den Kaufpreis des Zins-Caps in Raten zu bezahlen. Dies wird mittels einer zusätzlichen Finanzierung realisiert, jedoch erhöhen sich dadurch aber die Gesamtkosten des Zins-Caps. Bei Abschluss eines Caps werden unter anderem folgende Punkte vereinbart:

- die Laufzeit des Zins-Cap-Vertrages
- der Nominalwert des Zins-Caps (zur Zinssicherung eines Teils oder des gesamten Kreditbetrages)
- der Basiswert (dies ist im Allgemeinen ein Geldmarktsatz, wie zum Beispiel für den Euro der EURIBOR und LIBOR-Sätze für US-Dollar, Pfund Sterling und Schweizer Franken)
- die Länge der Zinsanpassungsperioden (die oft mehrjährige Laufzeit des Vertrages wird in einzelne Zinsanpassungsperioden, Caplets genannt, unterteilt. Diese sind meistens drei oder sechs Monate, seltener ein oder zwölf Monate lang. Andere Varianten sind theoretisch möglich, kommen aber selten vor)
- der Ausübungspreis (das ist der anfänglich Kaufpreis des Zins-Caps. Während der Laufzeit steigt oder fällt der jeweils aktuelle Ausübungspreis = Handelspreis, abhängig von den aktuellen Zinsmarktentwicklungen. Zum Ende einer jeden Zinsanpassungsperiode erhält der Käufer eine Nachricht, wie hoch sein aktueller Ausübungspreis für einen eventuellen Verkauf wäre)

Als Inhaber eines Zins-Caps erhält man am Ende jeder Periode, in der der vereinbarte Referenz-Zinssatz über dem vereinbarten Basiswert liegt, eine Zahlung in der Höhe der Differenz zwischen Basiswert und aktuellem Wert. Diese wird nun im Rahmen einer Zinssicherung als Ausgleichszahlung zu den zu bezahlenden Kreditzinsen verwendet. Dazu ein Beispiel:

Zins-Cap Nominalwert € 100.000,-
Basiswert EURIBOR 4,5 %
Caplet ½ jährlich

EURIBOR 5% zum Ende der Zinsanpassungsperiode (Caplet)
Differenz = 0,5% von € 100.000,- = € 500,-
Caplet ½ jährlich, daher € 500,- / 2 = € 250,-

Für den Inhaber des Zins-Caps wird eine Zahlung in der Höhe von € 250,- fällig.

Wichtig ist, dass der abgesicherte Indikator-Zinssatz nicht dem Kreditzinssatz (Nominalzinssatz) entspricht! Für Kreditnehmer, die beispielsweise eine Zinskondition von EURIBOR + 1,5% Aufschlag vereinbart haben, bedeutet ein Zins-Cap bei 4,5% die Absicherung des Kreditzinssatzes erst ab 6,0%!

Die zu bezahlende Prämie für einen Zins-Cap ist relativ hoch, sodass man sich vor Abschluss solcher Vereinbarungen die Frage nach der Sinnhaftigkeit stellen sollte. Die zu bezahlende Prämie ist umso höher je niedriger der abgesicherte Zinssatz und je länger die Laufzeit ist. Zusätzlich spielt das jeweilige Zinsniveau zum Zeitpunkt des Abschlusses eine entscheidende Rolle. Wie bei jeder Versicherung werden die Preise so kalkuliert, dass ein Gewinn für das Institut (in diesem Fall für die Bank) übrigbleibt.

Ein Zinscap bietet aber entscheidende Vorteile gegenüber einer Fixzinsvereinbarung. So kann ein Cap jederzeit während der Kreditlaufzeit angekauft werden (wie auch alle im weiteren Verlauf vorgestellten Zinsderivate), um die Kreditlinie gegen Zinsrisiken abzusichern. Und ein Zinscap kann auch jederzeit wieder verkauft werden. Letzteres ist vor allem dann sinnvoll, wenn eine Kreditlinie, die mittels eines Caps abgesichert war, vor dem Ende der Zinscap-Laufzeit ausbezahlt wird.

Dabei gilt es aber zu bedenken, dass ein Zinscap, als eigenständiges Wertpapier im Wert über die Laufzeit schwankt, je nach Entwicklung an den Zinsmärkten. Ein Verkaufserlös kann also höher als der ursprüngliche Ankaufspreis ausfallen, aber auch deutlich darunterliegen.

Zins-Floor

Das Gegenstück zu einem Zins-Cap ist ein Zins-Floor. Bei einem Zins-Floor erhält der Käufer am Ende jeder Periode, in der der vereinbarte Referenz-Zinssatz unter dem vereinbarten Basiswert liegt, eine Zahlung. Ein Zins-Floor wird eingesetzt um Geldeinlagen hinsichtlich fallender Zinsen abzusichern oder im Rahmen von Krediten mit bestehender Fixzinsvereinbarung, um von fallenden Zinsen ab einem bestimmten Zinsniveau profitieren zu können.

Zins-Swap.

Mit einem Fixzins-Swap kann man sich als Kreditnehmer einen fixen Zinssatz für eine vereinbarte Laufzeit sichern. Man erreicht dadurch zwar absolute Planungssicherheit, kann aber von einer positiven Zinsentwicklung nicht mehr profitieren. Ein Fixzins-Swap eignet sich zum Beispiel für folgende Ausgangssituation:

- Sie haben ein variabel verzinstes Darlehen bereits einige Zeit laufen und möchten sich gegen steigende Zinsen absichern, aber in den bestehenden Kreditvertrag nicht eingreifen.
- Sie gehen von stark steigenden Zinsen aus.
- Es soll keine Prämie (wie beim Zins-Cap) anfallen.

Ein Zins-Swap ist ein Vertrag zusätzlich zum bestehenden Kreditvertrag über den Austausch von Zinszahlungen. Dabei bezahlt man als Kunde über einen bestimmten Zeitraum Zinsen für einen zuvor vereinbarten Fixzinssatz und erhält im Gegenzug über diesen Zeitraum Zahlungen aus einem variablen Zinssatz.
Die folgende schematische Darstellung zeigt die Funktionsweise der Zinssicherung mittels Fixzins-Swap.

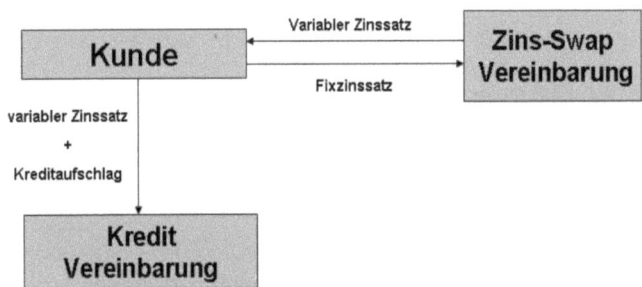

In der Praxis bezahlt bzw. erhält der Kunde jeweils nur den Betrag, der aus der Zinsdifferenz der Swap-Vereinbarung entstanden ist. Dieser Betrag erhöht oder minimiert den effektiven Aufwand für die bereits laufende Kreditvereinbarung. Damit ist für diesen Zeitraum die variable in eine fixe Kreditverzinsung "umgewandelt".
Dazu ein Beispiel mit folgenden Basisdaten:

Laufzeit: 10 Jahre
Zahler Fixzinssatz: Kunde
Zahler variabler Satz: Bank
Variabler Satz: 3 Monats-EURIBOR
Zinssatzfixierung: 2 Tage vor Beginn der nächsten Zinsperiode
Zinsperiode: 3 Monate
Tilgung: keine, endfällig
Fixzinssatz: 3,00%

Wie nun ein Zins-Swap wirkt, kann man an den folgenden drei Szenarien sehen:

Szenario 1:
Der variable Zinssatz liegt bei der Zinssatzfixierung bei 4% und somit über dem Fixzinssatz (3,00%). Der Kunde erhält die Differenz von 1,00%. – In diesem Fall wirkt die Absicherung.

Szenario 2:
Der variable Zinssatz liegt bei der Zinssatzfixierung bei 2,00% und somit unter dem Fixzinssatz (3,00%). Der Kunde bezahlt die Differenz von 1,00%. - Der Kunde kann nicht von den niedrigeren Zinsen profitieren. Das ist der Preis für die Absicherung.

Szenario 3:
Der variable Zinssatz ist bei der Zinssatzfixierung gleich dem Fixzinssatz, es erfolgt keine Ausgleichszahlung.

Ein Fixzins-Swap lässt sich aber auch in die andere Richtung gestalten, und zwar so, dass der Kunde den Betrag für den variablen Zinssatz an die Bank bezahlt und die Bank zahlt an den Kunden den Betrag für den fixen Zinssatz. Mit dieser Variante „weicht" man die bestehende Fixzinsvereinbarung eines Kreditvertrages für die Dauer der Laufzeit des Swaps wieder auf und kann so zu einer variablen Verzinsung zurückkehren, ohne in den Kreditvertrag selbst eingreifen zu müssen (dies würde in der Regel neben Kosten auch einen erheblichen Aufwand verursachen).

Es gibt aber darüber hinaus auch Zins-Swap-Geschäfte, bei denen auf die Fixzinskomponente gänzlich verzichtet wird. Das findet vor allem im Rahmen von Währungsgeschäften Anwendung.

Bei den bisher vorgestellten Möglichkeiten zur Zinsabsicherung mittels Swap-Geschäften handelt es sich um währungsreine Zins-Swaps. Beide Parteien einigen sich hier jeweils auf einen Zinstausch anhand eines Referenzzinssatzes in derselben Währung. Es gibt aber auch Möglichkeiten, bei denen Zinspaare in unterschiedlichen Währungen zur Anwendung kommen. Dies wird im Anschluss im Kapitel „Währungen, Währungssicherung" erläutert.

Ansparung des Zinsvorteils

Jede Art der Zinsabsicherung ist mit Kosten verbunden. Zusätzlich sind sowohl Zins-Swap-Geschäfte als auch Zins-Caps komplex ausgestaltete Finanzinstrumente und führen bei Kreditkunden oft zur Verwirrung. Solche Geschäfte sind daher nur für verständige Kunden geeignet.

Eine konservative, aber dennoch gute Alternative zu Fixzinsvereinbarungen, Zins-Swaps und oft teuren Zins-Caps ist die Ansparung eines bisher genossenen Zinsvorteils. Für EURO-Kredite gilt nach wie vor die Regel, dass man den Zinssatz unabhängig vom aktuellen Niveau mit 5,0% annehmen sollte. Dieser Prozentsatz ist daher als Benchmark zu empfehlen. Betragen die Zinskosten bei einer laufenden Finanzierung derzeit 2,0%, dann sollte die Differenz zur Benchmark – also 3,0% - zusätzlich als Reserve zur Seite gelegt werden.

Bei konsequenter Befolgung dieser Regel schafft man in sehr kurzer Zeit hohe Liquiditätsreserven, die bei Steigen der Zinsen herangezogen werden können. Bei einem Kredit in Höhe von € 100.000,- lässt sich auf diese Weise in nur 2 Jahren eine Liquiditätsreserve von € 6.000,- bilden. Es fallen dabei keine Kosten für z.B. einen Zins-Cap an und Sie müssen keine komplizierten Zinssicherungs-Konstrukte verstehen.

Währungen, Währungssicherung

Andere Länder, andere Sitten, andere Währungen – Wenn ein Unternehmen Teile seines Umsatzes in fremder Währung erzielt, sind Konten, die in anderer Währung geführt werden, mitunter von Vorteil. Sollten sich auch Standorte des Unternehmens in diesem anderen Währungsraum befinden und dort Löhne und Gehälter bezahlt werden, dann wird ein Konto in fremder Währung absolut notwendig. Und falls vor Ort Investitionen getätigt und Betriebsmittel bereitgestellt werden müssen, werden auch Kredite in fremder Währung nahezu unverzichtbare Instrumente für die Abwicklung und Finanzierung.

Fremdwährungskredit

Der Fremdwährungskredit, auch als Fremdwährungsdarlehen oder kurz als Währungskredit bezeichnet, ist ein Kredit, der aus Sicht des Kreditnehmers in einer fremden Währung vergeben wird. Für einen Kreditnehmer in Österreich ist also jeder Kredit ein Fremdwährungskredit, der nicht in Euro vergeben wird. Die wesentliche Eigenschaft des Fremdwährungskredites ist, dass die Kreditsumme nicht nur in einer fremden Währung bereitgestellt wird, sondern der Kredit auch in dieser fremden Währung zurückgezahlt werden muss. Sowohl Auszahlung als auch Tilgung und Zinszahlungen erfolgen in der jeweiligen Fremdwährung.
Ein möglicher Vorteil des Fremdwährungsdarlehens kann der niedrigere Zinssatz sein. Das ist dann der Fall, wenn der Leitzins der Fremdwährung niedriger als der EURO-Leitzins ist.
Ein möglicher Nachteil entsteht, wenn sich diese positive Zinsdifferenz marktbedingt umkehrt, also der EURO-Leitzins niedriger ist als der Leitzins in der Fremdwährung. Diese Zinsrisiken lassen sich auch in fremden Währungen mit den bereits genannten Sicherungsinstrumenten, wie

Fixzinsvereinbarungen, Zins-Cap, Zins-Floor und Zins-Swap, absichern.

Ein zweiter möglicher Vorteil des Währungskredites kann auftreten, wenn der Wert der Kreditwährung (eben die Fremdwährung) im Zeitraum zwischen der Darlehensaufnahme und der Tilgung des Kredites gegenüber dem Euro gefallen ist. Da der Kreditnehmer vor der Tilgung zunächst einen Eurobetrag in die entsprechende Fremdwährung „tauschen" muss, müssten unter dieser Voraussetzung weniger Euro aufgewendet werden, als dies bei der Kreditaufnahme notwendig war.

Der mögliche Nachteil des Fremdwährungsdarlehens äußert sich in eventuellen Währungsverlusten. Diese entstehen, wenn der Euro während der Kreditlaufzeit gegenüber der Fremdwährung an Wert verliert.

In den letzten 20 Jahren wurden Währungskredite von vielen Immobilienbesitzern für die Finanzierung ihrer Immobilien in Anspruch genommen. Ziel war, einen günstigeren Zinssatz zu bezahlen als bei einer Finanzierung in Euro. Damit verbunden gingen diese Kreditnehmer nicht nur ein Zinsrisiko, sondern auch ein in vielen Fällen unterschätztes Wechselkursrisiko ein, sowohl die Höhe der Zinszahlungen als auch die Höhe möglicher Tilgungsraten betreffend. Die jüngste Geschichte hat gezeigt, dass derartige Devisenspekulationen - und als nichts Anderes sind Währungskredite in dieser Ausprägung zu bezeichnen - oft nicht nach den Erwartungen der Kreditnehmer verlaufen sind. Auf Absicherungsprodukte wurde teils aus mangelnder Kenntnis, teils mangels Angebot verzichtet oder vergessen. Oder es wurde das falsche Sicherungsinstrument gewählt oder ein geeignetes Produkt zum falschen Zeitpunkt eingesetzt. Eine Vielzahl von Härtefällen wurde bzw. wird bis heute ausgiebig in der Öffentlichkeit diskutiert und es entstand der Eindruck, dass Währungskredite generell ein hochspekulatives Unterfangen seien.

Dabei wird übersehen, dass für Unternehmen im Zusammenhang mit Auslandsgeschäften, bei denen bereits ein Wechselkursrisiko besteht, Fremdwährungskredite seit

Langem etabliert sind. Sie werden dazu eingesetzt, um Währungsrisiken zu mindern. Zusätzlich werden diese Unternehmen vonseiten der Banken sogar dazu angehalten Möglichkeiten zur Absicherung der Fremdwährungseingänge und -ausgänge in Betracht zu ziehen. Denn wie bei den Zinsrisiken gibt es auch bei Währungsrisiken Möglichkeiten zur Absicherung. Zur Kurssicherung bzw. Kursoptimierung werden Devisen-Swaps, Cross Currency Swaps, Währungs- bzw. Devisenoptionen oder Devisentermingeschäfte angeboten.

Derartige Finanzprodukte sind je nach Anlassfall im Rahmen einer maßgeschneiderten Strategie anzuwenden. Banken treten dabei entweder als Vermittler oder auch als Produktlieferanten auf. Es ist besonders wichtig, sich über die jeweils genauen Bedingungen zu informieren. Nachfolgend soll die prinzipielle Funktionsweise der wichtigsten dieser Absicherungsmöglichkeiten vorgestellt werden.

Devisentermingeschäfte

Devisentermingeschäfte (auch Devisenforwards, oder FX-Forward) sind außerbörsliche Termingeschäfte (Forwards) auf Währungspaare. Dabei vereinbaren zwei Geschäftspartner, zu einem fest vereinbarten Termin in der Zukunft, eine Währung gegen eine andere Währung zu tauschen. Der zukünftige Tauschkurs wird bereits bei Geschäftsabschluss festgelegt.

Devisenoption

Eine Devisenoption stellt das Recht dar, innerhalb oder am Ende eines bestimmten Zeitraums zu einem vorher festgelegten Preis (Basispreis) einen bestimmten Betrag an Devisen zu kaufen (Call-Option) oder zu verkaufen (Put-Option). Dieses Recht verpflichtet den Optionskäufer nicht die Option auszuüben, wohl aber den Verkäufer jederzeit zur Erfüllung des Vertrages bereit zu sein (Optionsgeschäft). Der Verkäufer – auch Stillhalter genannt - erhält dafür einmalig eine Prämie.

Optionen bleiben während ihrer Laufzeit handelbar. Sie werden standardisiert hinsichtlich Volumen, Optionsfrist und Basispreis an Terminbörsen gehandelt. Individuell ausgestaltet werden Optionen im außerbörslichen Handel von Banken und Finanzinstituten angeboten und auch wieder zurückgenommen.
Devisenoptionen werden auch als Wertpapier (Währungsoptionsschein) verbrieft. An einigen Terminbörsen werden sogar Optionen auf Währungsterminkontrakte (Finanzterminkontrakt – siehe Devisentermingeschäfte) gehandelt.

Der Wert einer Option ergibt sich aus mathematischen Modellen zur Optionspreisbildung. Er bestimmt sich im Wesentlichen aus dem Basispreis, dem aktuellen Devisenkurs und Devisenterminkurs für den Zeitpunkt des Ablaufs der Option, der erwarteten Schwankungsbreite des Wechselkurses und der Dauer der Optionsfrist.

Devisenoptionen sind für alle wichtigen Wechselkurse verfügbar, die meisten Optionen lauten aber auf US-Dollar.
Devisenoptionen weisen gegenüber Devisentermingeschäften erhebliche Vorteile auf. Sie sichern den Käufer gegen das Risiko ungünstiger Wechselkursentwicklung ab, bieten aber auch Raum, um an günstigen Kursentwicklungen teilzuhaben:

Ein Optionskäufer kann (und wird auch) eine Calloption bei einem sinkenden, eine Putoption bei einem steigenden Wechselkurs verfallen lassen und stattdessen Devisen direkt zu günstigeren aktuellen Kursen tauschen.

Devisen-Swap (FX-Swap)

Ein Devisen-Swap ist ein Finanzmarktgeschäft, das aus einem Devisen-Kassageschäft (FX Spot) und einem Devisentermingeschäft (FX Forward) besteht. Dabei werden zwei Währungen zum aktuellen Kurs gegeneinander getauscht und zu einem späteren wieder zurückgetauscht. Beide Transaktionen eines Devisen-Swaps werden gleichzeitig und mit derselben Gegenpartei abgeschlossen. Eine mögliche Zinsdifferenz der beiden involvierten Währungen wird mittels Auf- oder Abschlag im Rücktauschkurs berücksichtigt.

Beispiel:
Partei A verkauft Partei B 100.000,- US-Dollar gegen Bezahlung von 115.000,- Euro; beide vereinbaren gleichzeitig den Rückkauf der US-Dollar durch Partei A in 3 Monaten zum jetzt gültigen Terminkurs von 1,- US-Dollar zu 1,158346 Euro.
In 3 Monaten werden also US-Dollar 100.000,- gegen Bezahlung von 115.834,60 Euro getauscht.

Cross Currency Swaps
(Währungs-Swap oder Currency Swap)

Ein Währungs-Swap ist ein Austausch von Kapitalbeträgen in unterschiedlichen Währungen (wie beim Devisen-Swap), aber einschließlich der damit verbundenen Zinszahlungen. Ein Währungs-Swap ähnelt in der Funktionsweise einem Zins-Swap (bei welchem die Zinszahlungen in derselben Währung getauscht werden). Beim Währungs-Swap hingegen werden am Anfang und Ende der Laufzeit darüber hinaus auch die Nominalbeträge getauscht.

Zu Beginn der Laufzeit erfolgt der Kapitaltausch zum aktuellen Kassakurs bei Geschäftsabschluss. Beim Zinsentausch während der Laufzeit zahlt jeder Kontraktpartner in der Währung, in der er den Kapitalbetrag empfangen hat. In jeder der beiden Währungen können fixe oder variable Zinsen gezahlt werden. Am Ende der Laufzeit werden die Kapitalbeträge zurückgetauscht. Dies erfolgt zum gleichen Kurs wie bei Geschäftsbeginn.

Es wird zwischen Währungs-Swaps und Zins-Währungs-Swaps unterschieden.

Als Währungs-Swaps werden jene Swaps bezeichnet, bei der beide Vertragsparteien einen fixen Zins oder beide Parteien einen variablen Zins gleicher Zinsbindungsfrist (z. B. 3-Monats-EURIBOR gegen 3-Monats-USD-Libor) zahlen.
Bei Zins-Währungs-Swaps zahlt nach dieser Unterscheidung ein Partner fest und einer variabel (wie im Beispiel) oder beide variabel, aber mit verschiedenen Zinsbindungsfristen (z. B. 6-Monats-EURIBOR gegen 3-Monats-USD-Libor).

Bei Währungs-Swaps unterscheiden sich für die Parteien also nur die Währungen, bei Zins-Währungs-Swaps zusätzlich die Zinsbindungsfristen. Währungs-Swaps, bei denen beide Parteien einen variablen Zins gleicher Zinsbindungsfrist zahlen, heißen auch Basis-Swaps. Bei Laufzeiten über zwei Jahren stellen Währungs-Swaps eine echte Alternative zu Devisentermingeschäften dar.

Es werden laufend neue Absicherungsprodukte geschaffen, mit denen Unternehmen eine sichere Kalkulationsbasis für den gewünschten Zeitraum erlangen können. Wie bei der Zinsabsicherung sind auch die Produkte zur Währungsabsicherung meist recht komplex ausgestaltete Finanzinstrumente. Daher sind diese nur für verständige Kunden geeignet.

Arten der Kredittilgung

Wenn man einen Kredit in Anspruch nehmen möchte, dann sollte man sich bereits im Vorfeld darüber klar sein, wie die erhaltenen Geldmittel wieder zurückbezahlt werden können. Denn dafür gibt es unterschiedliche Möglichkeiten.

Kredittilgung in Raten

Eine der gebräuchlichsten Arten der Kredittilgung ist wohl, dies in Teilbeträgen, sogenannten Raten, zu tun. Diese Variante ist dadurch gekennzeichnet, dass in regelmäßigen Abständen, sowohl die ursprüngliche Schuld in Form einer Tilgungsrate, als auch die für den Kredit in Rechnung gestellten Zinsen in Form einer Zinsrate bezahlt werden.

Geschieht dies zum jeweiligen Zeitpunkt gleichzeitig mittels einer Gesamtzahlungsrate, welche sich aus der Summe aus Zinsrate und Tilgungsrate zusammensetzt, wird dies im Fachjargon als **Annuität** bezeichnet.

Hier eine schematische Darstellung dazu:

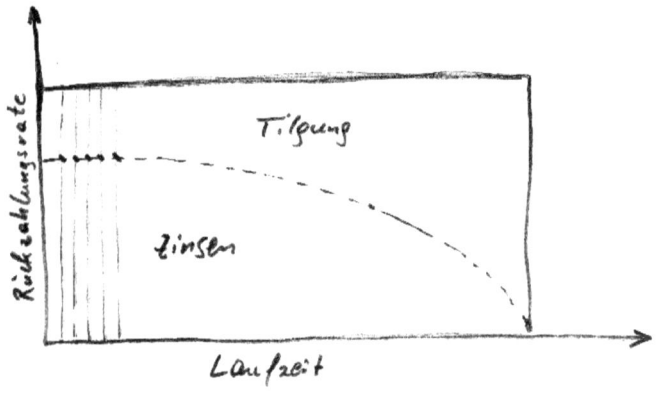

Hierbei ist zu beachten, dass zu Beginn der Anteil der Zinsrate im Verhältnis zur Tilgungsrate größer sein kann als die Tilgungsrate. Erst im Laufe der Vertragsdauer nimmt die Zinsrate kontinuierlich ab. Aber nicht in einem linearen Verlauf, sondern eher in Form einer Parabel. Das ist auch der Grund dafür, dass bei vorzeitiger Tilgung eines langfristigen Kredites oft noch nahezu der gesamte ursprüngliche Kreditbetrag zu begleichen ist.

Die marktabhängige Entwicklung der Zinsen während der Kreditlaufzeit hat natürlich Auswirkungen auf die Höher der Rückzahlungsrate.

Abstattungskredite können nur einmal ausgenutzt werden. Das bedeutet, dass jener Kreditteil, der mittels der laufenden Ratenzahlungen bereits zurückbezahlt wurde, nicht erneut in Anspruch genommen werden kann.

In der Praxis kommen verschiedenste Arten von Annuitäten-Darlehen beziehungsweise Abstattungskredite vor, deren Namen und Ausrichtung sich auf den Finanzierungsanlass beziehen. Beispiele dazu sind: Hypothekardarlehen, Investitionskredit, Wohnbaudarlehen, Wohnungskredit, Privatkredit, usw.; Das wesentliche Merkmal dieser Arten aber bleibt: Ein Kreditbetrag wird einmalig zu Verfügung gestellt und die Kreditschuld ist samt Zinsen in Raten zurückzuzahlen. Anders hingegen verhält sich das bei einem Kreditmodell mit endfälliger Tilgung.

Endfällige Kredittilgung

Hier wird über die gesamte Laufzeit keine Tilgung der Kreditschuld vorgenommen, sondern es sind nur die Zinsen zu bezahlen. Die Tilgung erfolgt mit einer einmaligen Zahlung, spätestens zum vereinbarten Ende des Vertrages. Woher die Mittel für die Tilgung kommen, kann frei vereinbart werden. Dies wird aber jedenfalls im Kreditvertrag festgeschrieben.

Meist wird bei einem endfälligen Kreditmodell ein sogenannter Tilgungsträger parallel zur Zinsrate angespart. Das kann zum Beispiel in Form eines kapitalbildenden Versicherungsvertrages oder mittels eines Wertpapiersparplans erfolgen.

Auch dazu eine Skizze:

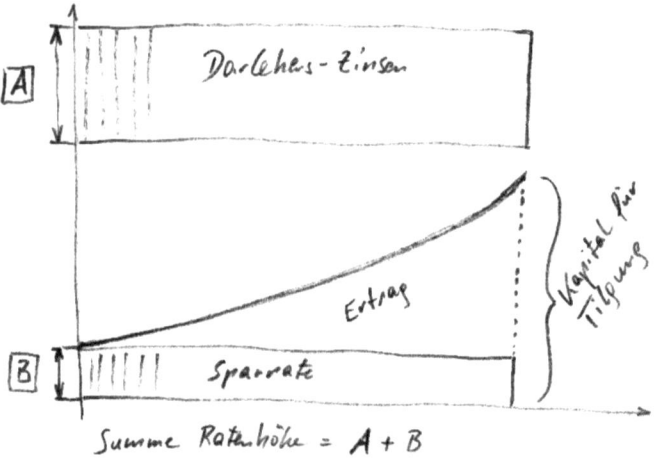

Anstelle der laufenden Besparung eines Tilgungsträgers kann auch eine Einmalzahlung in ein Veranlagungsprodukt bei Kreditabschluss vereinbart werden. Diese erfolgt dann in einer Höhe, sodass die Einmalzahlung zuzüglich des (daraus zu erwartenden) Ertrages eine Ablaufleistung erbringt, die es zum Ende der vereinbarten Laufzeit ermöglicht den Kreditbetrag zurückzuzahlen.

Der Tilgungsträger (sowohl Sparplan oder Einmalzahlung) wird in der Regel als zusätzliche Sicherheit an die Bank abgetreten.

Gleichgültig, ob für einen Tilgungsträger eine Sparvariante oder eine Einmalzahlung gewählt wird – wer sich Vorteile aus einer endfälligen Kredit-Variante erwartet, muss darauf hoffen, dass die Erträge aus dem Tilgungsträger höher ausfallen als die in Rechnung gestellten Kreditzinsen (oder, dass diese sich zumindest teilweise ausgleichen).

In der tilgenden Variante reduziert sich der Kreditsaldo durch die laufenden Tilgungen und dadurch auch kontinuierlich die Höhe der in Rechnung gestellten Zinsen. In der endfälligen Variante wird das Kapital nicht getilgt. So bleibt die Zinslast über die Laufzeit des Krediets gleich hoch. Daher entstehen beim endfälligen Kreditmodell über die gesamte Laufzeit betrachtet deutlich höhere Zinskosten als bei einer tilgenden Variante!

Ein Beispiel, das die Vor- und Nachteile der vorgestellten Tilgungsvarianten demonstriert:

Darlehens- / Kreditbetrag € 100.000,-
Laufzeit 20 Jahre
Aufschlag für Darlehen 1% (fix über die Laufzeit)
Abschlag für Sparrate 0,75% (fix über die Laufzeit)
EURIBOR Zinssatz 1% (schwankend über die Laufzeit)
Zinssatz effektiv für Darlehen 2%
Zinssatz effektiv für Sparrate 0,25%

Unter der Annahme gleichbleibender Zinsen ergibt dies bei der tilgenden Variante eine Gesamtrate (bestehend aus Tilgung und Zinsen) von € 505,88 monatlich. Neben der Fremdkapitaltilgung bezahlt der Kreditnehmer an Zinsen € 21.412,- über die gesamte Laufzeit gerechnet.
Bei der endfälligen Variante hingegen errechnet sich eine monatliche Gesamtrate (aus Sparrate und Zinszahlung) von circa € 573,67 und eine Gesamtzinsenbelastung von € 40.000,-! Das sind um knapp € 18.600,- mehr an Zinsen für die Bank über die gesamte Laufzeit!
Hinsichtlich der Gesamtbelastung über die Laufzeit schneidet die endfällige Variante, trotz Ertragszinsen beim Tilgungsträger, immer noch um € 16.269,60 schlechter ab

im Vergleich zur tilgenden Variante. Der Grund hierfür liegt in der für den Kunden ungünstigen Zinsschere.

Damit eine endfällige Kreditvariante rentabel wird, braucht es eine Situation, in der die effektiven Zinsen für das angesparte Kapital höher sind als jene für das Fremdkapital. Man spricht hier von einer positiven Zins-Schere!

Ein Zinsgleichstand reicht nicht aus. Hier führt das Ergebnis gerade einmal zu einem „Patt" zwischen den Varianten. In dem angeführten Beispiel bedeutet das, dass die Erträge zumindest 1% über dem Interbankzinssatz liegen müssten. Das ist mit Sparplänen auf Konten kaum zu erreichen.
Das bedeutet: Endfällige Kreditvarianten funktionieren nur in Verbindung mit Anlageformen, die höhere Erträge erwarten lassen. Konservative Anlageformen wie klassische Lebensversicherungen erwirtschaften die erforderlichen Erträge in der Regel nicht. Derlei als Tilgungsträger einzusetzen macht nur Sinn, wenn dieser bereits vor Kreditaufnahme vorhanden war und darauf bereits ein Betrag von zumindest 50-60% des Kreditbetrages angesammelt ist.

Wenn ein Tilgungsträger erst neu angespart werden soll, sind ausschließlich Sparformen wie Fondssparpläne oder Fondspolicen zweckmäßig. Nur durch Sparen im Wertpapierbereich sind Erträge möglich, die deutlich über den Interbankenzinssätzen liegen. Das verlangt aber eine höhere Risikobereitschaft des Kreditnehmers.
Bei endfälligen Fremdwährungskrediten bringt die Komponente „Währungen" sicherlich weitere Chancen sowohl auf der Spar- als auch auf der Kreditseite (siehe Kapitel Fremdwährungskredit), erhöht aber auch zusätzlich das Risiko.

Endfällige Kredite mit Wertpapierdepots oder Wertpapierpolicen als Tilgungsträger bleiben während der gesamten Kreditlaufzeit sehr „wartungsintensiv". Denn kurzfristige Zins-, Kurs- und Ertragsschwankungen sind jederzeit möglich und auch wahrscheinlich. Sollten sich dadurch positive Auswirkungen ergeben, ist ein rasches Handeln ebenso gefragt, wie beim Auftreten von negativen.

Dabei gilt es aber zu bedenken: Tilgungsträger werden an die finanzierende Bank abgetreten. Das bedeutet, dass die Bank jeder Veränderung am Tilgungsträger zustimmen muss. Rasche kapitalmarktbedingte Veränderungen sind so oft nicht möglich. Darauf zu hoffen, dass bei Eintreten solcher Szenarien derlei Schwankungen sich ohnehin über die Zeit ausgleichen werden, kann trügerisch sein! Längere Laufzeiten alleine minimieren Risiken nicht notwendigerweise.

Daher sollten nur informierte Kunden endfällige Kredite in Betracht ziehen, die Interesse an den Kapitalmärkten und eine entsprechende Handlungsbereitschaft mitbringen.
Die Praxis zeigt, dass endfällige Kreditvereinbarungen für alle möglichen Eventualitäten Platz bieten müssen: ein Tausch von Sicherheiten oder Änderungen im Tilgungsträger, Tausch des Tilgungsträgers selbst, Änderung der Zinsvereinbarung. Auch die Änderungsmöglichkeit der Rückzahlungsmodalitäten sollte gegeben sein. Zum Beispiel eine (teilweise) Umstiegsmöglichkeit auf eine tilgende Variante sollte problemlos machbar sein.

Sind diese Voraussetzungen gegeben, können bei der Immobilienfinanzierung endfällige Varianten mit langen Laufzeiten aber durchaus Sinn machen. Vor allem wenn ein Tilgungsträger „frisch" bespart werden muss.
Generell sollten endfällige Varianten nur für Investitionsprojekte eingesetzt werden. Denn sollte der Tilgungsträger, aus welchen Gründen auch immer, ganz oder teilweise massiv an Wert verlieren, verbleibt noch das Investitionsgut für eine eventuelle Verwertung. In einem Worst-Case-Szenario kann dann der Kredit gegebenenfalls zur Gänze zurückbezahlt werden.

Lombardkredit

Das ist der eigentliche Inbegriff einer endfälligen Kreditvariante! Ein Lombardkredit bezeichnet einen kurz- bis mittelfristigen Kredit, wobei als Sicherheiten Wertpapiere, Bankguthaben oder beweglichen Sachen (also keine Immobilien!) verpfändet werden. Der aktuelle Gegenwert der Sicherheiten ist in etwa gleich hoch oder liegt sogar über dem in Anspruch genommenen Fremdkapital. Auch die Pfandleihe der Pfandleihhäuser gehört zu den Lombardkrediten.

Folgende beispielhafte Situation:
Sie wollen in ein lukratives Geschäft einsteigen, aber dafür sind nicht ausreichend liquide Mittel vorhanden. Doch Sie besitzen ein Anleihepaket, welches in etwa dem Wert entspricht, den Sie für das Geschäft benötigen würden. Die Anleihe läuft noch 2 Jahre. Die beiden noch ausstehenden Zins-Coupons liegen mit 5,5% deutlich über dem aktuellen Interbanken Zinssatz. Anstatt nun die gut verzinste Anleihe vorzeitig zu verkaufen, bietet sich hier ein Lombardkredit als Lösung an. Das Kapital aus dem Lombardkredit sichert die Finanzierung der Geschäftsgelegenheit und mit Ablauf der Anleihe wird der Kredit aus dem Anleiheerlös getilgt!

Kontokorrentkredit

Der Kontokorrentkredit, auch Dispositionskredit, Buchkredit oder Überziehungskredit genannt, ist ein Kreditrahmen, der für eine bestimmte Dauer seitens der Bank zu Verfügung gestellt wird. Dieser kann während der Kreditrahmendauer immer wieder bis zu einem vorher vereinbarten Betrag (revolvierend) ausgenützt, aber auch jederzeit getilgt werden.

In der Regel gilt die Rahmen-Zusage für sechs Monate, wird dann aber jeweils verlängert (prolongiert). Die Tilgung vollzieht sich über die Zahlungseingänge auf dem Kontokorrentkonto. Zwar ist der Kontokorrentkredit formal kurzfristiger Natur, er steht jedoch bei ständiger Prolongation der Kreditlinie langfristig zur Verfügung.
Ausnahme: Der Kreditnehmer gibt vorzeitig Anlass zur Auflösung des Kreditengagements. Denn Banken sind an einem Einfrieren von Kontokorrentkrediten nicht interessiert. Die langfristige Zusage erfolgt in der Erwartung, dass zumindest einmal während der Abrechnungsperiode das Konto „umschlägt", d. h. ein Wechsel des Kontostands von einem negativen zu einem positiven Saldo erfolgt.
Die Zinsen sind nur für den jeweils in Anspruch genommenen Betrag zu bezahlen. Die Kosten des Kontokorrentkredits errechnen sich aufgrund der jeweiligen Berechnungsmethode.

Folgende Varianten sind üblich:

- Nettozinssatz, der alle Preisbestandteile enthält und in der Regel 4% bis 6,5% über dem jeweiligen Interbankenzinssatz liegt.
- Staffelverzinsung, - das bedeutet, der Zinssatz des Kontokorrentkredites schwankt mit der Höhe der Ausnutzung.
- Es wird ein Sollzinssatz, der 3,5% bis 5,0% über dem jeweiligen Interbankenzinssatz liegt berechnet. Zusätzlich wird eine Kreditprovision dem Sollzins zugeschlagen. Diese Kreditprovision kann alternativ auch auf die Differenz zwischen Kreditlinie und in Anspruch genommenen Kredit berechnet werden. Oder es wird die Kreditprovision auf den Spitzenbedarf der Abrechnungsperiode berechnet.

Zusätzlich zum Nettozinssatz wird oft eine generelle Bereitstellungsprovision eingehoben.

Bei Überschreiten der Kreditlinie ohne vorherige Rücksprache mit der Bank entsteht zusätzlich im entsprechenden Umfang der Überschreitung ein Überziehungskredit. Es fällt hierfür eine weitere Überziehungsprovision in Höhe von ca. 1,55% bis 4,5% p.a. (per anno, pro Jahr) an.

Schließlich werden noch Kontoführungsgebühren und Porti berechnet.

Die Kreditbesicherung erfolgt meist durch Bürgschaften, Forderungsabtretungen, Grundpfandrechte, aber auch durch Sicherungsübereignungen, wie zum Beispiel durch Verpfändungen von Waren oder Wertpapieren (Effekten).

Durch die Bereitstellung eines Kontokorrentkredits erhält der Kreditgeber Einblick in die wirtschaftliche Situation des Betriebes. Zum Beispiel über den Kunden- und Lieferantenkreis, die Höhe der Umsätze, über regelmäßige Zahlungsverpflichtungen durch Daueraufträge und so weiter. Diese Aufschlüsse sind wiederum für die Beurteilung der Kreditwürdigkeit (Bonität) und somit für die weitere Verlängerung der Kreditlinie maßgebend. Damit werden vor allem die Konditionen und Kosten eines Kontokorrentkredits wiederum beeinflusst, aber auch die Höhe und der Umfang etwaiger geforderter Sicherheiten.

Trotz der relativ hohen Kosten machen die Vorteile hinsichtlich Flexibilität, einen Kontokorrentkredit zu einem nahezu unverzichtbaren Finanzierungsinstrument für jedes Unternehmen.

Der Kontokorrentkredit eignet sich insbesondere für Betriebsmittelrahmen, als Saisonkredit, Überbrückungs- und Zwischenkredit (siehe auch Betriebsmittelkredit).

Kredite nach Art der Verwendung

Wie im Kapitel Darlehen oder Kredit bereits angesprochen: Darlehen oder Kredite werden nicht nur nach Art der Tilgung unterschieden, sondern auch nach Art der Verwendung.

Betriebsmittelkredit

Für den reibungslosen Ablauf des Alltagsgeschäftes ist es wichtig, finanziell beweglich zu sein und über ausreichende Geldreserven zu verfügen. Betriebsmittelkredite sichern die Liquidität des Unternehmens.

Der Betriebskredit, auch manchmal als Zwischenkredit und Überbrückungskredit bezeichnet, ist ein kurzfristiger Kredit an ein Unternehmen. Er dient zur Finanzierung des Umlaufvermögens. Unternehmen erhalten so die Möglichkeit, Absatz- und Einkommensschwankungen auszugleichen oder die Zeit zwischen Rechnungsstellung und Zahlungseingang zu überbrücken. Es gilt Vorräte, Wareneinkäufe, Halb- und Fertigerzeugnissen zu finanzieren, Skonti zu nützen oder auf günstige Angebote zu reagieren. Ein Betriebsmittelkredit kann auch andere Betriebsmittel (Löhne, Gehälter, Steuern, etc.) finanzieren.

Betriebsmittelkredite werden überwiegend als Kontokorrentkredit auf das laufende Konto oder als kurzfristige Betriebsmitteldarlehen vergeben. Da Unternehmen diesen Kredit immer wieder neu benötigen, wird er durch sogenannte Prolongationen auch länger zur Verfügung gestellt. Unternehmen können Betriebsmittelkredite rasch und unbürokratisch in der Höhe des vereinbarten Kreditrahmens in Anspruch nehmen.
Die Rückzahlung erfolgt aus den Umsatzerlösen. Das hat den Vorteil, dass jeweils nur der tatsächlich beanspruchte

Betrag Kreditzinsen verursacht und mit entsprechenden Zahlungseingängen jederzeit zurückgeführt werden kann. Banken verrechnen oft eine Bereitstellungsgebühr, auch wenn der Kontorahmen über einen Zeitraum hinweg nicht genutzt wird. Die Höhe der Bereitstellungsgebühr bewegt sich je nach Bonität des Unternehmens und Verhandlungsgeschick zwischen 0,1% bis zu 2% des maximal nutzbaren Betrages.

Die mögliche Höhe eines Betriebsmittelkredites und dessen Kosten orientieren sich an der Risikoeinschätzung durch die Bank. Je besser die Bonität eines Unternehmens und je höher die Besicherung der Kreditlinie ist, umso besser wird die Zinskondition ausfallen (siehe auch: Finanzierungsanlässe - Änderung der unternehmerischen Finanzierungssituation).

Dabei sollten Sie abwägen, ob eine bessere Besicherung Ihres Betriebsmittelkredites durch die Roherzeugnisse Ihres Unternehmens für Ihr Tagesgeschäft förderlich oder eher hinderlich ist. Eine bessere Besicherung ermöglicht eine bessere Zinskondition und eine Ausweitung des Kreditrahmens. Andererseits wird Ihr Kreditrahmen abhängiger von den Absatzzahlen Ihres Unternehmens. Dadurch verlieren Sie an Planungssicherheit.

Als Unternehmer sollten Sie regelmäßig die Höhe Ihres Betriebsmittelkredites mit Ihrer Liquiditätsplanung abstimmen, damit Über- bzw. Unterfinanzierung vermieden wird. Die Bank wird in regelmäßigen Abständen Ihre Unternehmenszahlen einfordern, um so eine Risikoeinschätzung vorzunehmen. Die Konditionen werden je nach Ergebnis angepasst. Damit bleiben die Konditionen sowohl von Bankenseite aber auch von Ihrer Seite permanent verhandelbar. Sowohl für die Höhe der Zinsen als auch für die Art der Verrechnung ist viel Verhandlungsspielraum gegeben. So können Sie z.B. zwischen einem variablen Zinssatz, einer Staffelverzinsung wählen, oder aber Sie entscheiden

sich für einen Fixzinssatz über eine zu definierende Laufzeit (Planungssicherheit!).
Auf Wunsch können auch diverse Zinssicherungsprodukte den Zinssatz absichern (siehe Kapitel Zinssicherung).

Für Unternehmen mit einem entsprechenden Anteil an Auslandsgeschäften können Betriebsmittelkredite auch in Fremdwährung gewährt werden. Hier kommen auf Wunsch auch Kurssicherungs- bzw. Kursoptimierungsprodukte zum Einsatz.

Eine Sonderform des Betriebsmittelkredits stellt der Saisonkredit dar. Dieser dient zur Überbrückung des Zeitraums zwischen Beschaffung und Absatz der Waren in saisonabhängigen Branchen.

Gewähren Handelspartner Kredite, so spricht man von Handelskrediten. Dazu zählen der Lieferantenkredit sowie die Kundenanzahlung (obwohl der Lieferantenkredit per Definition als ein Betriebsmittelkredit gilt, wird diese Art der Finanzierung im Kapitel – Sonstige Finanzierungsformen/Lieferantenkredit - noch eingehender vorgestellt).

Die Vergabe eines Betriebsmittelkredites ist meist mit der stillschweigenden Auflage verbunden den Kredit zur Finanzierung von Gütern des Umlaufvermögens zu verwenden. Die Ausnutzungsdauer ist damit entsprechend kurz. Verlängert sich die Periode der Ausnützung aus konjunkturellen Gründen wie zum Beispiel Absatzschwierigkeiten oder durch Zahlungsausfälle, kann der Betriebsmittelkredit zu einem längerfristigen Kredit werden. In diesem Fall ist dann zu entscheiden, ob ein Betriebsmittelkredit weiter als Kontokorrentkredit geführt, oder aber in eine andere Kreditvariante übergeführt werden soll. Hier verschwimmt oft die Abgrenzung zu einem Investitionskredit.

Hypothekarkredit, Immobilienkredit

Immobilienkredite werden in der Regel als Hypothekarkredite vergeben. Die wesentliche Eigenschaft des Hypothekarkredites ist, dass die Besicherung des Kredites durch den Eintrag eines Pfandrechtes im Grundbuch erfolgt. Durch diese Sicherstellung ist ein Forderungsausfall für die Bank sehr unwahrscheinlich (insbesondere, wenn weitere Sicherheiten gefordert werden). Denn die Immobilie wird von der Bank in ihrem Wert nicht zu 100% als Sicherstellung bewertet - die Banken lassen sich hier einen Spielraum offen.

Nur sehr selten verzichten Banken bei Finanzierungen von Immobilien auf eine grundbürgerliche Sicherstellung – für diesen Fall müssten dann andere Sicherheiten vorhanden sein.

Hypothekarkredite können sowohl tilgend als auch endfällig vergeben werden. Bei der endfälligen Variante dient neben der Hypothek auch der Tilgungsträger als Sicherheit.

Investitionskredit, Anlagekredit

Investitionen in Produkterweiterungen oder -verbesserungen oder die Rationalisierung Ihres Betriebes werden immer wichtiger im Umfeld der Globalisierung. Investitionen sichern nachhaltig den Unternehmenserfolg. Doch nur eine finanziell solide Investition kann erfolgreich sein. In den meisten Fällen lassen sich Investitionen nicht – bzw. nicht ausschließlich – mit eigenen Mitteln finanzieren.

Ein Investitionskredit bezeichnet Kredite, die der Finanzierung von Anlagevermögen dienen. Daher werden zum Zwecke der eindeutigen Abgrenzung Investitionskredite oftmals Anlagenkredite genannt. Anlagevermögen sind Sachanlagen, also Vermögensgegenstände, die dem Unternehmen längerfristig zur Verfügung stehen. Dazu gehören Grundstücke, Betriebsgebäude, Fuhrpark, auch Produktionsmittel sowie Betriebs- und Geschäftsausstattung. Oder es wird beispielsweise ins betriebliche Rechnernetz investiert.

Als Investition gelten jene Anschaffungen, die über ein laufendes Geschäftsjahr hinaus zur Verfügung stehen. Das Kriterium ist die mittel- bis längerfristige Nutzungsdauer. Auch für Projekt- und Sonderfinanzierungen kommen Investitionskredite infrage.

Kreditgeber sind fast alle im Kreditgeschäft tätigen Kapitalgeber, einschließlich der Fördergesellschaften auf EU-, Staats- und Landesebene.
Ein Investitionskredit kann in allen beschriebenen Varianten gestaltet sein (tilgend oder endfällig, Lombard, hypothekarisch besichert, Kontorahmenkredit, prolongierbar, in Fremdwährung usw.). Dabei unterliegen Kreditvergabe, Kreditbesicherung, Kreditkosten, Zinssätze und Absicherungsmöglichkeiten den jeweils entsprechenden Regularien (wie in den Abschnitten zuvor beschrieben).

Bauspardarlehen

Der Vollständigkeit halber findet diese Variante der Kapitalbeschaffung hier ebenfalls Erwähnung. Wenn Sie als Unternehmer in der Baubranche oder im Bereich Wohnraumsanierung tätig sind, weisen Sie Ihre Kunden auf die Möglichkeit einer Bausparfinanzierung hin und unterstützen Sie Ihre Kunden diese Kredite zu erhalten. Sie erhöhen damit Ihren Umsatz (näheres dazu im Kapitel Absatzfinanzierung). Mittlerweile kann ein Bauspardarlehen auch für Bildungs- und Pflegemaßnahmen verwendet werden.

Vielen ist ein Bausparvertrag „nur" als Sparform bekannt. Je nach Tarifart wird in solch einen Bausparvertrag über einen Zeitraum von ca. 6 Jahren Kapital angespart. Neben einer Guthabenverzinsung erhält der Bausparer zusätzlich eine Bausparprämie. Das macht Bausparen seit vielen Jahrzehnten attraktiv. Doch ganz entscheidende Vorteile ergeben sich für den Bausparer auch bei der Inanspruchnahme eines Bauspardarlehens.

Ein Bausparer baut seine Kreditwürdigkeit durch die regelmäßigen Sparbeiträge selbst auf. Wer in der Lage ist, regelmäßig einen kleinen Teil seines Einkommens zu sparen, ist auch ein guter Schuldner. Diese Erfahrung spiegelt sich in den niedrigen Ausfallquoten der Bausparkassen wider.

Das angesparte (oder eingesetzte) Eigenkapital hält die Finanzierungskosten in tragbaren Grenzen, ein „nahezu" Festzins des Darlehens bietet Schutz vor steigenden Zinsen. Anfang der 1990er Jahre kletterten zum Beispiel die österreichischen und deutschen Kapitalmarktzinsen auf weit über 10% - die Zinsen für ein Bauspardarlehen lagen damals nie über 6%!

Die prinzipielle Funktionsweise eines Bausparvertrages ist wie folgt:

Nach der Ansparphase, je nach Tarif von ca. 60 Monaten, und einer weiteren Anwartschaft von bis zu 18 Monaten (genannt Zuteilungsphase – diese lässt sich aber mit einer Zwischenfinanzierung überbrücken) beginnt die Darlehensphase.

Der Bausparer erhält nun die gesamte Bausparsumme ausbezahlt, die sich aus dem Guthaben/Eigenkapital und einem Darlehen zusammensetzt. Die Gesamtlaufzeit des Darlehens beträgt somit circa 23 Jahre, kann aber je nach Tarif und Zuteilungsdauer noch variieren. Der Darlehenszins beim Bausparen liegt je nach Vertragsgestaltung zwischen 1 % bis 3% p.a. über dem aktuellen Sparzins.

Factoring

Mit Basel III haben sich die Rahmenbedingungen für die Kreditvergabe durch Banken verschärft. Für Unternehmen ist es schwieriger geworden, an einen (günstigen) Bankkredit zu kommen. Klein- und Mittelbetriebe sowie Start-ups bringen oft nicht genügend Eigenkapital oder Sicherheiten auf. Factoring ist Teil einer guten Finanzplanung für Unternehmen geworden.

Wer beim Basel-III-Rating gut abschneiden will, muss seiner Hausbank zeigen, dass er eine durchdachte Finanzplanung vorweisen kann. Oft sind Finanzierungen nicht maßgeschneidert, saisonale Kosten-Spitzen werden in der Finanzplanung wenig berücksichtigt.

Gerade im Hinblick auf Basel III erweist sich Factoring für mittelständische Unternehmen als kreative Lösung. Großbetriebe optimieren schon seit Jahren mit Factoring Liquidität und Eigenkapitalquote. Denn eine Verbesserung der Bilanzstruktur bringt auch ein besseres Unternehmens-Rating mit sich.

Factoring ist der Verkauf von Forderungen aus Lieferungen oder Dienstleistungen an eine Bank, den Factor. Dieser zahlt dem Verkäufer zumindest 80 Prozent des Rechnungsbetrages innerhalb von zwei Tagen. Den Rest erhält der Verkäufer, sobald der Schuldner gezahlt hat.

Nach längerer Zusammenarbeit kann die Vorfinanzierung auf 90 Prozent erhöht werden. Im Schnitt kommen nach Abwicklung des Forderungsverkaufs 93 bis 97 % des Forderungsbetrages beim Unternehmen an. Der Prozentsatz bezieht sich auf den Bruttobetrag der Rechnung, also inklusive der MwSt. Den noch fehlenden Betrag erhält der Verkäufer, sobald der Kunde bezahlt hat.

Der Factor übernimmt mehrere Aufgaben:

- Er kauft die Forderungen seines Kunden und bevorschusst diese bis zur Fälligkeit
- Er trägt das Risiko des Forderungsausfalls (auf Wunsch)
- Er führt für seinen Kunden die Debitorenbuchhaltung und das Mahnwesen und betreibt das Inkasso (auf Wunsch)

Beim offenen Factoring enthalten die Rechnungen des Vertragspartners den Hinweis, dass die Forderung an einen Factor abgetreten wird und daher nur an das Factor-Institut gezahlt werden kann.

Beim halb offenen Factoring weist der Lieferant in der Rechnung auf die Verbindung zum Factor hin, der Kunde kann mit befreiender Wirkung entweder an das Factor-Institut oder an den Lieferanten zahlen.
Beim stillen Factoring zahlen die Kunden an den Lieferanten, der die eingegangenen Zahlungen an das Factor-Institut weiterleitet.

Factoring kommt vor allem für Betriebe mit rasch steigenden und schwankenden Umsätzen und für kapitalintensive Branchen infrage. Die Factor-Banken verlangen Mindest-Jahresumsätze zwischen 300.000,- und 1 Mio. Euro (je nach Institut). Dazu zählen Großhandels-, Produktions- und Dienstleistungsunternehmen unter anderem aus den Branchen:
Sportartikel, Textilien, Trachtenmode, Berufsbekleidung, Nahrungsmittel, Druckerzeugnisse, Spielwaren, Zweiräder, Transportwesen, Unterhaltungselektronik, Holz, Grundstoffe, Chemie, Gebäudereinigung, Möbel, Computer, Elektronik und viele weitere.

Vor dem Vertragsabschluss wird vom Factor Ihr Unternehmen einer Prüfung unterzogen. Aber auch die Bonität Ihres Kunden wird geprüft. Gegebenenfalls muss Ihr Kunde auf einem Fragebogen genaue Angaben über seine Geschäftsdaten (Umsatz, Kundenanzahl, Rechnungsanzahl, Gutschriften, Außenstände, Umsatzaufschlüsselung, usw.) machen.

Die wesentlichen Vorteile von Factoring sind:

- Sofort vorhandene Liquidität
- Dynamische Wachstumsmöglichkeiten durch umsatzkonforme Finanzierung
- Bei Bedarf: professionelles Forderungsmanagement mit Mahn- und Inkassowesen
- Risikoabsicherung der Außenstände, national und international (Export Factoring)
- Absicherung der zukünftigen Unternehmensentwicklung
- Factoring verkürzt die Bilanz, verbessert die Bilanzkennzahlen und verbessert damit die Bonität und das Rating nach Basel II und Basel III.

Gerade den letzten Punkt sollten Unternehmen in Hinblick auf zukünftige Finanzierungen besonders beachten. Mit dem Verkauf Ihrer Forderungen an eine Factoring-Bank scheiden diese aus Ihrer Bilanz aus. Sie können also relativ einfach Ihre Bilanzsumme reduzieren und Ihre Eigenkapitalquote sowie diverse Bilanzkennzahlen verbessern.

Nachfolgend ein vereinfachtes Beispiel, in welchem gezeigt wird, wie sich das Bilanzbild mit und ohne Factoring darstellt; sowie welchen Einfluss Factoring auf diverse betriebliche Kennzahlen hat:

Bilanzbild ohne Factoring

Aktiva		Passiva	
Anlagevermögen	250.000	Eigenkapital	200.000
Umlaufvermögen:		Fremdkapital:	
Warenvorrat	110.000	Langfr. Bankkredite	150.000
Liefer- u. Wechsel-Forderungen	**400.000**	**Kurzfr. Bankkredite**	**320.000**
Barvermögen	25.000	Lieferverbindlichkeiten	100.000
Sonst. Forderungen	25.000	Sonst. Verbindlichkeiten	40.000
Gesamt	810.000	Gesamt	810.000

Bilanzbild mit Factoring

Aktiva		Passiva	
Anlagevermögen	250.000	Eigenkapital	200.000
Umlaufvermögen:		Fremdkapital:	
Warenvorrat	110.000	Langfr. Bankkredite	150.000
Liefer- u. Wechsel-Forderungen	**0**	**Kurzfr. Bankkredite ****	**0**
Forderungen an Factor *	**80.000**		
Barvermögen	25.000	Lieferverbindlichkeiten	100.000
Sonst. Forderungen	25.000	Sonst. Verbindlichkeiten	40.000
Gesamt	490.000	Gesamt	490.000

* 80% der Liefer- und Wechselforderungen wurden vom Factor bereits überwiesen, 20% sind noch als Forderung gegenüber dem Factor offen.

** Mit dem Erlös aus dem Forderungsverkauf wurden die kurzfristigen Bankkredite getilgt

Einfluss auf die Bilanzkennzahlen

Eigenkapitalquote	Fremdkapitalquote	Return on Investment (ROI) bezogen auf das Gesamtkapital
Eigenkapital x 100 / Gesamtkapital	Fremdkapital x 100 / Gesamtkapital	(EGT + FK-Zinsen) x 100 / Gesamtkapital
Wert ohne Factoring 24,7%	Wert ohne Factoring 75,3%	Wert ohne Factoring 4,1%
Wert mit Factoring 40,8%	Wert mit Factoring 59,2%	Wert mit Factoring 6,7%

Factoring-Kosten:
Abhängig vom Jahresumsatz und der Anzahl der Rechnungen werden Gebühren zwischen 0,1% bis 1,5% des Jahresumsatzes, der über den Factor abgewickelt wird, verrechnet.

Für das reine Finance-Factoring (nur die Bevorschussung der Forderung) beträgt die Gebühr 0,1%.
Zusätzlich wird ein Factor-Zins (5% bis 7% Jahreszinssatz) für die durch die Bevorschussung entstehenden Refinanzierungskosten des Factors in Rechnung gestellt.
Des Weiteren übernehmen Factoring-Gesellschaften auf Wunsch auch das Debitorenmanagement. Die Kosten hierfür werden ebenfalls in Rechnung gestellt.

Sie als Unternehmer können auch bestimmen, ob Sie weiter das Risiko eines eventuellen Zahlungsausfalls tragen wollen oder ob der Factor dies übernehmen soll. Hierfür entstehen weitere Kosten, aber es werden so schmerzhafte oder existenzbedrohende Zahlungsausfälle vermieden.

Die Factoring-Kosten sind vom Anbieter abhängig, bleiben aber individuell verhandelbar. In Krisenzeiten können die Factoring-Kosten deutlich über den hier angeführten Prozentsätzen liegen.

Bei den folgenden Branchen und Situationen können aus abwicklungstechnischen Gründen bei einigen Instituten keine Factoring-Lösungen angeboten werden:

- im Bau- und Baunebengewerbe bei Montage- und Installationsleistungen
- bei Objekt- und Projektgeschäften im Anlagenbau und Investitionsgüterbereich (z. B. Großmaschinen)
- bei Geschäften, bei denen Rückgaberechte, Kommissionslieferung oder Gegenverrechnung vereinbart sind
- in allen Branchen, bei denen Teil- und Schlussrechnungen, sowie Haft- und Deckrücklasse vereinbart werden
- bei individuellen Anfertigungen (z.B. individuelle Software, Formenbau)

Weltweit gibt es mehr als 600 Factoring-Institute, in Österreich teilten sich bis vor Kurzem drei Institute den Markt: VB-Factoring Volksbank, Intermarket Bank der Erste Bank, FactorBank Raiffeisen.

Seit 2010 ist SVEA auch in Österreich aktiv. Die aus Schweden stammende Svea ist bereits seit 1982 in Skandinavien und seit 2002 im deutschsprachigen Raum aktiv. Am skandinavischen Finanzmarkt ist die SVEA ein führender Teilnehmer und bietet in zehn europäischen Ländern Factoring-Lösungen an.

Seit 2014 ist die Wiener Autobank nach dem Zukauf der deutschen Adesion Factoring GmbH mit derartigen Dienstleistungen in Österreich am Markt tätig. Seither bietet diese Bank neben der Kfz-Finanzierung auch Finanzdienstleistungen für andere Branchen an.
Die Autobank bewegt sich angesichts der Wachstumschancen bewusst außerhalb des angestammten KFZ-Finanzierungsgeschäfts.

Oft wird Factoring einem Inkasso gleichgestellt. Diese Interpretation ist jedoch falsch. Das Factoring-Unternehmen behandelt den Debitor (Rechnungsempfänger) so, als wäre er der eigene Kunde. Daher liegt es im Interesse des Factors im richtigen Umgang mit dem Debitor, die Zahlung möglichst reibungslos auszulösen. Weiter hat der Factor ein großes Interesse daran, dass die Beziehung zwischen Leistungserbringer und Leistungsempfänger auch künftig weiter bestehen bleibt.

Leasing

Leasing ist eine Alternative zu Kredit- oder Eigenkapitalfinanzierungen von Investitionsgütern. Leasen können Sie nahezu alles – von der Telefonanlage bis zum Industriegebäude.
Wenn Sie ein Objekt mittels Bankfinanzierung kaufen, geht das Objekt in Ihr Eigentum über. Beim Leasing bleibt das Objekt während der gesamten Vertragsdauer im Eigentum der Leasinggesellschaft. Es gibt also eine Trennung zwischen Nutzer und Eigentümer des Objektes. Das Leasingobjekt wird vom Leasinggeber beschafft und finanziert und wird dem Leasingnehmer gegen Zahlung eines vereinbarten Leasingentgelts zur Nutzung für einen zuvor definierten Zeitraum überlassen. Vereinfacht gesagt ist Leasing eine Gebrauchsüberlassung gegen Entgelt – ähnlich einer Miete.

Im Unterschied zur Miete obliegt beim Leasing die Wartung und Instandhaltung des geleasten Objektes dem Leasingnehmer. Im Gegenzug erhält der Leasingnehmer eine Kaufoption auf das geleaste Objekt am Ende der vereinbarten Laufzeit.

Für den Fall, dass der Leasingnehmer die Kauf- oder Verlängerungsoption nach Ende des Leasingvertrages nicht ausübt, kann der Leasinggeber über das Leasingobjekt wieder verfügen. Der Verkauf an einen Dritten, Weitervermietung an Dritte, Einlagerung oder Verschrottung sind mögliche Verwertungsoptionen.

In den Leasingraten sind die Kosten für die Finanzierung des Objektes zuzüglich eines Aufschlags für Verwaltungskosten, sowie der Gewinn des Leasinggebers enthalten. Mögliche Nebenleistungen des Leasinggebers, wie Versicherung oder Wartung des Objektes, werden in Service-Leasingverträgen pauschaliert durch Aufschläge abgerechnet.

Für die Gestaltung der Konditionen sowie für die Annahme eines Leasingantrages durch eine Leasinggesellschaft sind die Bonität des Antragstellers und die Bewertung des Leasinggutes entscheidend.

Bei Leasinggeschäften können neben dem Leasinggeber, dem Leasingnehmer und dem Lieferanten des Leasingobjekts weitere Parteien beteiligt sein. Zum Beispiel: Vermittler, die von der Leasinggesellschaft eine Provision erhalten, und Banken, die die Forderung aus einem Leasingvertrag ankaufen und das Bonitätsrisiko übernehmen. Sicherheitengeber stellen eine Kaution oder gehen eine Bürgschaft für das Leasinggeschäft ein.

Grundsätzlich ist beim Leasing zwischen zwei Formen zu unterscheiden, nämlich dem Vollamortisationsleasing und dem Teilamortisationsleasing.

Bei der Form des *Teilamortisationsleasings* ("Restwert-Leasing") wird während der Vertragsdauer nur ein Teil der Gesamtinvestitionskosten über die Leasingraten an den Leasinggeber zurückbezahlt. Der wirtschaftliche Restwert des Leasinggegenstandes zum Ende der Vertragslaufzeit wird vertraglich festgelegt; er entspricht dem voraussichtlichen Objektwert nach Ablauf dieser Zeitspanne.

Beim *Vollamortisationsleasing* ("full-pay-out-leasing") werden (meist) die gesamten Investitionskosten, die dem Leasinggeber bei Anschaffung des Leasinggegenstandes entstanden sind, mittels der Leasingraten vom Leasingnehmer an den Leasinggeber zurückbezahlt.

Eine weitere Unterscheidung erfolgt nach Art der Leasinggesellschaft. Es gibt mittlerweile viele Leasinggesellschaften und diese lassen sich nach zwei Kriterien einteilen:

Beim sogenannten *Herstellerleasing* ist der Hersteller des Leasinggutes gleichzeitig der Leasinggeber. In der Praxis unterhalten Hersteller eigene Leasinggesellschaften als Tochterunternehmen. Über diese wird das „Herstellerleasing" realisiert. Ein typisches Beispiel hierfür sind die Leasinggesellschaften der großen Automobilhersteller.
Finanzierungsgesellschaften großer Hersteller haben meist besseren Zugang zu günstigem Kapital als mittelständische Leasingunternehmen. Zur Absatzförderung (siehe Absatzfinanzierung) der Produkte wird dieser Vorteil häufig in Form preiswerter Leasingangebote an Leasingnehmer weitergegeben.

Bei *Leasing ohne Herstellerbindung* ist der Leasinggeber nicht der Hersteller des Leasinggutes. Er ist eine rechtlich selbständige Leasinggesellschaft ohne Interessensverbindung mit einem Hersteller. Es entsteht hier eine echte Dreiecksbeziehung zwischen Leasinggeber, Hersteller und Kunden. Der Leasinggeber finanziert das Leasingobjekt und bezieht rein aus der Finanzierung seinen Gewinn.

Zum Beispiel bieten nur freie Leasinggesellschaften ein Leasing von Fahrzeugflotten mit Fahrzeugen verschiedener Hersteller an.

Da das Leasingobjekt während der Leasinglaufzeit im Eigentum der Leasinggesellschaft verbleibt, scheint dieses nicht in der Bilanz des Leasingnehmers auf. Das hat positive Auswirkungen auf die Bilanzkennzahlen des Leasingnehmers. Das ist vielleicht der entscheidende Vorteil für Sie als Unternehmer. Es erfolgt eine Verkürzung der Bilanz, die erhöhte Eigenkapitalquote verbessert Ihr Rating. Dadurch können Sie Ihre Kapitalkosten im Rahmen anderer Finanzierungen senken!
Gewerbetreibende können Steuer- und Bilanzvorteile durch Leasing nur dann erzielen, wenn der Leasinggeber wirtschaftlicher Eigentümer der Objekte ist. Im österreichischen Steuerrecht werden Kriterien definiert, die Leasingverträge von Mietkaufverträgen bzw. Abzahlungsgeschäften abgrenzen. Hier wird zwischen operativem Leasing und Finanzierungs-Leasing unterschieden.

Das *operative Leasing* ist eine Form des Leasings, welche einer Miete schon sehr nahekommt, jedoch oft weitere mietuntypische Dienstleistungen einschließt.
Wesentliche Merkmale sind:

- Keine feste Grundmietzeit und somit jederzeitiges Kündigungsrecht innerhalb der Kündigungsfrist oder
- Sehr kurze Grundmietzeit, währenddessen eine Vertragskündigung nicht gestattet ist
- Der Leasinggeber trägt das volle Risiko und aktiviert das Leasinggut (Abschreibung über Nutzungsdauer) in seiner Bilanz
- Der Leasingnehmer verbucht die Leasingraten als Aufwand
- Zusätzliche Dienstleistungen wie Wartung und Reparatur trägt der Leasinggeber

Die bilanzielle Zurechnung und Aktivierung erfolgt hier beim Leasinggeber. Dieser schreibt die Leasingobjekte über die betriebsgewöhnliche Nutzungsdauer ab. Der Leasingnehmer kann die gezahlten Leasing-Raten als Aufwand verrechnen.

Das *Finanzierungs-Leasing* ist das gebräuchlichere Leasing. Der Leasinggeber trägt das Kreditrisiko und eventuell vereinbarte Dienstleistungen. Der Leasingnehmer wird während der Vertragslaufzeit nicht Eigentümer des Vermögensgegenstandes, auch wenn ihm die Sache wirtschaftlich zugerechnet werden kann, da der Leasinggeber kein Interesse an einem Rückerhalt der Sache hat.
Folgende Merkmale unterscheiden das Finanzierungs-Leasing vom operativen Leasing, wobei nicht alle Merkmale zutreffen müssen:

- Feste Grundleasingzeit ohne Kündigungsrecht über einen maßgeblichen Zeitraum der Nutzungsdauer
- Das Investitionsrisiko trägt der Leasingnehmer
- Prinzipiell auf alle Güter anwendbar
- Kapitalbeschaffung und Kreditrisiko trägt der Leasinggeber
- Unterschiedlichste Optionen nach Ablauf der Grundleasingdauer (Kauf, Rückgabe usw., insbesondere, wenn der Übergang zu besonderen Konditionen erfolgt)
- Maßnahmen zur Werterhaltung trägt der Leasingnehmer (Wartung, Versicherung)
- Leasing-Gegenstand ist eine Spezialanfertigung für den Leasingnehmer und kann nicht von Dritten genutzt werden.
- Vollamortisation. Das bedeutet: Es liegt ein Vollamortisationsleasing-Vertrag vor, oder der im Rahmen eines Restwert-Leasings vereinbarte Restwert wird vom Leasingnehmer an den Leasinggeber zum Ende der Vertragsdauer bezahlt.

Durch die vielfältigen Möglichkeiten der Vertragsgestaltung ist eine einheitliche Aussage über die Art der Bilanzierung beim Finanzierungsleasing nicht möglich. Die steuerliche Zuordnung wird in Österreich durch die Leasing-Erlasse des Bundesministeriums für Finanzen geregelt. Es wird zwischen Mobilien-Erlassen und Immobilien-Erlassen unterschieden. Mietkauf und Leasing werden dabei zueinander abgegrenzt.

Eine Reihe von steuerrelevanten Besonderheiten gibt es beim *Fahrzeugleasing*. Zum Beispiel: Ist der Vorsteuerabzug beim Kauf ausgeschlossen, so gilt das auch beim Leasing. Gleiches gilt für die Luxusgrenze, welche den maximal abschreibbaren Anschaffungspreis eines Fahrzeuges definiert. Diese begrenzt den anteilig als Betriebsausgabe ansetzbaren Anteil einer Leasingrate.

Sale and Lease Back, Sale and Rent Back

Sale and Lease Back ist eine Sonderform des Leasings. Hierbei wird Firmenbesitz an eine Leasinggesellschaft verkauft. Den verkauften Besitz leasen Sie sofort zurück. Beim *Sale and Rent Back*, können neben Leasinggesellschaften auch andere Käufer auftreten. Anstelle eines Leasingvertrages kommt ein Mietvertrag zum Einsatz.

Beide Varianten werden auch unter dem Begriff Rückmietverkauf zusammengefasst. Es stehen Ihnen dabei die Anlagen weiterhin voll zur Verfügung. Ihr Unternehmen erhält nach dem Verkauf sofort Liquidität. Dies kann in verschiedenen Situationen sinnvoll sein, beispielsweise in unternehmerischen Krisensituationen, in Phasen starken Wachstums oder, um die Bilanzkennzahlen zu verbessern. Sale and Lease Back und Sale and Rent Back wird für Immobilien oder auch mobile Güter (wie PKW, LKW, Baumaschinen usw.) angewendet.

Wie beim Leasing kommt es auch hier zu einer Bilanzverkürzung und zu einer Verbesserung der Finanzkennzahlen. Das verbessert Ihr Rating und senkt damit Ihre Kapitalkosten. Unternehmen können so stille Reserven im Anlagevermögen aufdecken. Durch den Verkauf wird Kapital freigesetzt, dieses erhöht wiederum die Liquidität.

Beim Sale and Lease Back ist die Bewertung (Zeitwert) des infrage kommenden Objektes wesentlich. Objekte, die gebraucht schwer verkäuflich oder die technologisch veraltet sind, stellen eine unzureichende Sicherheit für den Leasinggeber dar. Zusätzliche Sicherheiten wie Mietvorauszahlungen, Kautionen oder Depotzahlungen können zur Abschlussbedingung gemacht werden.

Im Immobilienbereich werden öfter Rückmietverkauf-Geschäfte getätigt, um Erbschafts- oder Schenkungssteuern vorzubeugen. Die laufenden Zahlungen der Mietraten können sich allerdings nachteilig auf den Cashflow auswirken. Zudem sind Sie nicht mehr Eigentümer und nehmen damit an zukünftigen Wertsteigerungen nicht teil. Um dem vorzubeugen, können Sie eine Kaufoption zu Laufzeitende zum steuerlichen Restbuchwert der Immobilie vereinbaren.

Bei Rückmietverkauf-Verträgen gibt es wenig gesetzliche Reglementierung. Daher sollten Sie sich vorher genau über die Seriosität des Anbieters sowie über die Vertragsinhalte informieren.

Bankfinanzierung für Gründer

Finanzierungen für Gründer werden von Banken in allen bisher beschriebenen Finanzierungsformen angeboten. Als Gründer beachten Sie folgende Ratschläge für ein Gespräch mit Ihrer Bank:

- Plausible Unterlagen: Bereiten Sie sich gut vor! Erstellen Sie einen Businessplan, ein Konzept inklusive Planrechnungen.
- Was soll wie finanziert werden? Überlegen Sie sich vorher genau, welche Art der Finanzierung Sie anstreben: Einen Investitionskredit, einen Kontokorrentkredit? Für welche Investitionen oder Betriebsmittel? In welcher Höhe, mit welcher Kreditlaufzeit, usw.?
- Angebote vergleichen! Holen Sie von mehreren Banken Angebote ein.
- Kapitalisierung: Vereinbaren Sie eine höchstens vierteljährliche Kapitalisierung (Kreditabrechnung, bei der die Zinsen zugeschlagen werden). Mehrmalige Kapitalisierung verteuert Ihren Kredit spürbar.
- Effektivzinssatz beachten: Der Effektivzinssatz berücksichtigt alle einmaligen und laufenden Spesen sowie eine jährliche Abrechnung der Zinsen und ermöglicht damit einen direkten Kostenvergleich zwischen verschiedenen Kreditangeboten.
- Schriftliche Kreditzusage: Lassen Sie sich die Kreditzusage schriftlich bestätigen.
- Koppelung an Referenzzinssatz: Vereinbaren Sie die Koppelung des Zinssatzes an einen Referenzzinssatz (z.B. EURIBOR). Damit ersparen Sie sich laufende Verhandlungen über den Zinssatz mit der Bank und können davon ausgehen, dass Zinsänderungen der Marktentwicklung entsprechen.

Klären Sie ab, wie lange der Zinssatz fix ist und von welcher Referenzgröße er nachher abhängig gemacht wird.
- Sicherstellungen:
Überlegen Sie, welche Sicherheiten Sie der Bank bieten können/wollen (Bürgschaften, Hypotheken u.ä.).
- Sehen Sie die Bank als Partner in Geldangelegenheiten, und informieren Sie sie über den Verlauf Ihrer geschäftlichen Aktivitäten. Wenn Sie zusätzliche Finanzierungserfordernisse haben (beispielsweise bei kurzfristiger Überziehung des Kontokorrentkredites), suchen Sie sofort das Gespräch mit Ihrer Bank. Warten Sie nicht, bis man Sie von der Bankseite auf die Überziehung des Rahmens anspricht.
- Finanzierungsgrundsätze:
Beachten Sie bei der Finanzierung die diversen „Finanzierungsgrundsätze". So soll beispielsweise die Laufzeit eines Krediites mit der Dauer der wirtschaftlichen Nutzung des Investitionsgutes übereinstimmen.
- Förderungen:
Erkundigen Sie sich bereits im Vorfeld - z.B. bei Ihrer WKO - über mögliche Förderungen.
- Experten einbeziehen:
Kreditverträge sind meist umfangreich und enthalten zahlreiche Klauseln, deren Bedeutung und Auswirkung für den Laien manchmal nicht verständlich sind. Wir empfehlen Ihnen: Ziehen Sie für die Auswahl der optimalen Finanzierung neutrale Experten (Unternehmens- oder Finanzberater, Förderberater auch Rechtsanwälte) zu.

Um bei einer Unternehmensgründung überhaupt eine Bankfinanzierung in Betracht ziehen zu können, benötigen Sie neben einer Geschäftsidee samt ausgearbeitetem Businessplan vor allem Eigenkapital.
In Ihrem Businessplan muss auch ein Kapitalbedarfsplan enthalten sein. Dieser wird eine bestimmte Summe ausweisen, die Sie zum Start Ihres Unternehmens benötigen.

Bedenken Sie: Sie selbst sind der erste Finanzier Ihres Unternehmens. Wenn Sie selbst kein Geld in Ihr Unternehmen einbringen, warum sollten es andere tun?

Machen Sie eine Aufstellung über Ihren Vermögensstand (z.B. Sparguthaben, Wertpapiere, ...), und überlegen Sie, welche Kreditsicherheiten Sie anbieten können (Lebensversicherungen, Bausparverträge, Grundbesitz, Wertgegenstände).

Überlegen Sie auch, ob Sie bereits vorhandene Maschinen, ein Fahrzeug oder Einrichtungsgegenstände in Ihr Unternehmen einbringen können. Auch Ihre persönliche Eigenleistung ist als Kapital anzusehen. Beispielsweise können Sie Adaptierungs- und Renovierungsarbeiten selbst durchführen.

Es gibt keine allgemeingültige Regel, wie viel Eigenkapital Sie für eine Finanzierung aufzubringen haben. Banken verlangen je nach Branche und Finanzierungsvolumen üblicherweise zwischen 20 und 30 % Eigenkapitalanteil - oft auch mehr. Der Eigenkapitalanteil lässt sich durch verschiedene Maßnahmen erhöhen. Zum Beispiel durch:

- Die Beteiligung von Angehörigen, Freunden und Bekannten
- die Aufnahme von Partnern in Form einer Gesellschaftsgründung
- durch Einbindung öffentlicher oder privater Risikokapitalgeber (Beteiligungs- und Venture Capital Gesellschaften, Crowdinvesting)

Die Beteiligten bezahlen diesen Anteil in bar oder liefern Sicherheiten. Beides wird in die Finanzierung eingebracht und erhöht so den Eigenkapitalanteil. Eigenkapital-Garantien in Form von Ausfallshaftungen für Kapitalgeber gibt es unter bestimmten Voraussetzungen auch vom Austria Wirtschaftsservice.

Näheres zum Thema Eigenkapitalerhöhung mittels Investorenbeteiligungen erfahren Sie gleich im nächsten Kapitel.

Investorenbeteiligungen

Neue Geschäftsideen und junge Unternehmen auf Wachstumskurs stehen vor einer großen Herausforderung: der Finanzierung. Finanzierungen durch Banken sind in manchen Unternehmensphasen unmöglich. Das Risiko der Kapitalvergabe ist schwer einschätzbar oder zu hoch. Ohne ausreichendes Eigenkapital und Bankkredite sind viele gute Ideen und Wachstumsprojekte zum Scheitern verurteilt. Selbst Förderungen bedingen meist einen gewissen Eigenmittelanteil. Diesen Kreis zu durchbrechen ist für junge Unternehmen und für die gesamte Wirtschaft eine Herausforderung. Gerade in wirtschaftlich fordernden Zeiten bringen erfolgreiche Start-ups und Wachstumsprojekte die Wirtschaft weiter voran.

Beteiligungs- bzw. Risikokapital-Instrumente bieten sich als neue, attraktive Finanzierungsmöglichkeiten an. In Abhängigkeit von der Entwicklungsphase eines Unternehmens können unterschiedliche Investorentypen auftreten.

	Unternehmensphasen			
	Seed (vor der Gründung)	Start–up (Gründung)	Early Stage (Markteinführung)	Expansion (Wachstum)
Finanzierungs-instrumente	Seed Finanzierung			
	Early Stage Venture Capital			
	Inkubatoren			
	Crowdfunding			
	Business Angels			
	3 F (Family, Friends and Fools)			
		Super Angels		
			Venture Capital	
			Family Offices	
			Strategischer Investor	
			Mezzaninkapital	

Investoren bieten dem Unternehmen zusätzliches Eigenkapital und erhalten dafür im Gegenzug Anteile am Unternehmen. Eine Sonderstellung nimmt die Finanzierung mittels Mezzaninkapitals ein. Dies wird im folgenden Abschnitt noch genauer beschrieben.

Durch die Zufuhr externer Eigenmittel wird die Aufnahme von Fremdkapital über Banken leichter möglich und der Kreditzinssatz wird günstiger. Mehr Eigenmittel erhöhen die Eigenkapitalquote und bereiten so den Weg, um gegebenenfalls (zusätzlich) Fördermittel ins Unternehmen zu holen.

In zahlreichen Ländern sind Beteiligungs- bzw. Risikokapital-Instrumente bereits stark verbreitet. Sie sind der Grund für wirtschaftliche Dynamik und treiben Innovationen voran. Österreich hat unbestritten Nachholbedarf, aber es gibt auch hier immer mehr Möglichkeiten Eigenmittel aus externen Quellen zu bekommen.

Natürlich bringt eine Finanzierung über Beteiligungskapital auch Nachteile mit sich. Die Beteiligung eines externen Investors kann zu einem Verlust an Unabhängigkeit führen. Das geht sogar so weit, dass sich die Beteiligungskapitalgeber das Recht ausbedingen, bei Personalentscheidungen das letzte Wort zu haben. Das gilt auch für die Führungsebene des Start-ups.

Als weiterer Nachteil sind die relativ hohen Kosten der Finanzierung zu sehen – Eigenkapital ist meist teurer als Fremdkapital. Dies wird spätestens dann für den Unternehmer relevant, wenn er die Anteile des Investors zurückkaufen möchte.

Risikokapitalgeber sind daran interessiert durch den Verkauf eines erfolgreichen Beteiligungsunternehmens einen möglichst hohen Erlös zu erzielen. Man bezeichnet dies auch als den Exit (zumeist nach zwei bis acht Jahren).

In vielen Fällen gelingt der Verkauf auch nur, wenn ein Käufer alle Anteile eines Unternehmens übernehmen kann, also auch die der Gründer. Und daher sollten Sie bereit sein, sich gegebenenfalls von Ihrem Unternehmen zu trennen. Das ist der häufigste Grund, warum viele Unternehmer davon Abstand nehmen, externes Eigenkapital in Anspruch zu nehmen.

Family, Friends, Fools – 3F

In einer ersten Entwicklungsphase eines Unternehmens kann die Unterstützung der sogenannten „3F", also Familie, Freunde und begeisterte Geldgeber (Fools), hilfreich sein. Als nachteilig erweist sich, dass Familienmitglieder und Freunde oftmals zu wenig Wissen über ein Start-up haben. Sie beteiligen sich in den allermeisten Fällen an einem Unternehmen nur deshalb, weil sie den Gründer selbst unterstützen wollen, nicht jedoch dessen unternehmerische Idee. Dennoch sollte man die Option der Finanzierung durch „3F" in Betracht ziehen und die Vor- und Nachteile abwägen.

Vorteile:
- Bekannte unterstützen nicht nur finanziell, sondern auch ideell
- größere Summen ohne fremde Kapitalgeber
- geringe bis keine Zinsen
- schnelle Geldquelle

Nachteile:
- Kapitalverlust oder komplexe Eigentums-Verhältnisse können die Beziehung zu Familie oder Freunden beeinträchtigen oder sogar zerstören
- fehlende Investoren-Erfahrung der Kapitalgeber
- 3F-Investitionen sind oft schlecht dokumentiert und nicht reglementiert

Inkubator Finanzierungen

Inkubatoren (Brutkästen, international: „Business Incubators") beteiligen sich nicht finanziell an Start-ups, stellen aber Gründern die erforderliche Infrastruktur wie Büros, Labors etc. zur Verfügung. Inkubatoren bieten auch Managementtrainings, Beratung und Coaching für Gründer und helfen mitunter auch als Vermittler bei der Kapitalsuche. Die Entgelte für Infrastruktur bzw. die eben genannten Dienstleistungen sind relativ gering.

Es besteht auch die Möglichkeit der Vernetzung und des Erfahrungsaustausches mit anderen Gründern. Netzwerkkontakte sind besonders beim Unternehmensstart wichtig - auch für die Kapitalsuche.

Inkubatoren werden in Österreich (fast) ausschließlich von der öffentlichen Hand betrieben. So hat zum Beispiel der Hochschulinkubator AplusB vielen Gründern gute Dienste erwiesen. Inkubatorennetzwerke haben aber den Nachteil, auf wenige Branchen fokussiert zu sein, und sie verfolgen stets lokale wirtschaftspolitische Interessen.

Eine relativ neue Form des informellen Austauschs zwischen Start-ups sind die sogenannten „Co-working Spaces", die günstige Arbeitsplätze samt Infrastruktur zur Verfügung stellen. Diese können flexibel gemietet werden (z.B. stunden- oder tageweise).

Einige Co-working Spaces bieten darüber hinaus regelmäßig Vortrags- und Networking-Veranstaltungen für angehende Gründer an (eine einfache Internet-Suche nach „Co-working Space" liefert einen guten Überblick über die bestehenden Einrichtungen in Österreich).

Crowdfunding (CF) / Crowdinvesting (CI)

Crowdfunding ist eine neue Finanzierungsform, bei der einzelne Projekte durch eine Vielzahl von Kleininvestoren finanziert werden. Die Beteiligung erfolgt üblicherweise durch Genussscheine oder partiarische Nachrangdarlehen sowie stille Beteiligungen. Neuerdings aber auch über AGs für größere Fundings.
Die Anteilseigner können sich bereits mit Kleinstbeträgen beteiligen. Sie sichern sich damit die Chance im Falle eines geschäftlichen Erfolgs zu den Unterstützern der ersten Stunde zu zählen.

Ursprünglich wurden vor allem künstlerische, kreative und karitative Projekte auf diese Weise finanziert. Mittlerweile gibt es einige Crowdfunding-Plattformen für innovative Start-ups im deutschsprachigen Raum. In Österreich können mittels Crowdfunding, genauer Crowdinvesting (= Gegenleistung erfolgt in Geld) bis zu € 1.000.000,- Startkapital ohne größere Hürden durch Behördenauflagen lukriert werden.
Will man aber mittels Crowdinvesting über € 1.000.000,- an Investorengeldern einsammeln, dann wird ein Informationsblatt, welches das Investment für die Anleger genau beschreibt, und von einer dritten, unabhängigen Instanz, wie z.B. Steuerberater, Wirtschaftstreuhänder, u.ä. begutachtet wurde, als rechtliche Basis benötigt. Ab € 1,5 Mio. bis € 5 Mio. braucht man einen vereinfachten Wertpapier-Prospekt. Für Crowdinvestments die darüber hinausgehen benötigt man einen klassischen Wertpapierprospekt.

Da Crowdinvesting für Unternehmen Eigenkapital darstellt, wird so die Bonität des Unternehmens verbessert. Crowdfunding öffnet dadurch in weiterer Folge meist noch zusätzliche Finanzierungsquellen.

Business Angels

Business Angels (BAs) sind wohlhabende Privatpersonen, oftmals selbst erfolgreiche Unternehmer oder Top-Manager, die ihre Erfahrungen weitergeben möchten. Sie beteiligen sich oft bereits in einer sehr frühen Phase, in welcher nur eine Idee oder ein erstes Konzept vorhanden und das Risiko entsprechend hoch ist. BAs kaufen sich mit Beteiligungskapital in Unternehmen (meist Start-ups) ein. Die Beteiligungen eines BA liegen meist zwischen 50.000 und 500.000 Euro (in Einzelfällen bis 1 Mio. Euro). Damit wird die Eigenkapitalausstattung der Unternehmung gestärkt und es entsteht die Möglichkeit, zusätzliches Fremdkapital sowie Förderungen ins Unternehmen zu bringen. Dadurch wird zusätzliches Wachstum ermöglicht.

Neben Kapital bringen BAs auch unternehmerisches Know-how und wertvolle Netzwerkkontakte in den Aufbau des Unternehmens ein. Es stellt sich die Frage, welche Kontakte und Kenntnisse Ihr BA haben muss. Erstellen Sie dazu eine Liste (Marketing, Rechtsberatung, Steuerberatung, technische Beratung, Strategieberatung, Controlling ...). Es geht um den Abgleich Ihrer Fähigkeiten mit denen Ihres (Wunsch) BA. Es empfiehlt sich ganz gezielt nach BAs zu suchen, die komplementäre Fähigkeiten in Ihr Projekt einbringen können. Ein BA mit technischem Hintergrund ist in einem Unternehmerteam mit drei Technikern vermutlich weniger sinnvoll.

Bei der Wahl eines BAs spielen auch persönliche und emotionale Befindlichkeiten eine große Rolle. Es zählen nicht ausschließlich wirtschaftliche Belange. Die Beteiligung eines BAs an Ihrem Projekt hebt die Glaubwürdigkeit gegenüber Außenstehenden. Es wird angenommen, dass Ihr Projekt bzw. Ihre Geschäftsidee offensichtlich einer kritischen Prüfung standhält.

Bitte beachten Sie, dass Ihre Geschäftsidee für BAs nur dann interessant ist, wenn der „Proof of Concept" erbracht werden kann. Das heißt: Es braucht den Nachweis, dass die Umsetzung Ihrer Geschäftsidee am Markt tatsächlich möglich ist.

Die einfachste Möglichkeit, Kontakt zu BAs zu bekommen, ist über ein Business-Angels-Netzwerk. Das sind entweder öffentlich initiierte und betriebene Börsen, oder private Clubs, welche eine Vermittlungsfunktion übernehmen. Eine gute Business-Angels-Börse leitet eingebrachte Ideen erst nach einem vorherigen Screening weiter. Die Weiterleitung selbst erfolgt nach gewissen Kriterien und stets anonymisiert. In den meisten Fällen erhalten Business-Angels-Börsen eine Vermittlungsprovision von durchschnittlich 1-3% des Investments.

Die wichtigsten Business-Angels-Börsen in Österreich sind „i2 – die Börse für Business Angels des Austria Wirtschaftsservice" (www.business-angels.at) und der „AICO – Angel Investment Club Oberösterreich" (www.aico.co.at).

Etwas aufwendiger ist es, einzelne BAs direkt anzusprechen. Durch eigene Recherche (im Internet oder durch Gespräche mit Leuten aus der Gründerszene) lässt sich herausfinden, wer in welchen Branchen als Investor aktiv ist.

Hinsichtlich Kontaktaufnahme ist es empfehlenswert eher eine persönliche Ansprache zu wählen, als eine per Email. Dabei ist es entscheidend die Vorzüge eines Investments knapp und überzeugend erläutern zu können. Finden und treffen kann man BAs etwa bei Start-up- und innovationsbezogenen Informations- und Netzwerkveranstaltungen. Zum Beispiel:

Austrian Business Angel Day (www.businessangelday.eu) oder Events von STArTeurope (www.starteurope.at).

Einen guten Überblick über die österreichische Start-up-Szene liefert www.inventures.eu.

Die Termine von Start-up-Events in ganz Europa gibt es auf www.startupeuvents.com.

Venture Capital in Österreich

Venture-Capital (VC) Gesellschaften sammeln Geld (zumeist) von Versicherungen, Pensionsfonds und Banken ein und bündeln dieses Geld in Form von Venture Capital Fonds. Diese Fonds wiederum investieren in Beteiligungsunternehmen. Von Interesse sind aber nur Unternehmen, die marktreife Produkte vorweisen können und bei denen erste Umsätze bevorstehen. Ihr Engagement ist zumeist auf eine bestimmte Entwicklungsphase (z.B. Early Stage, Expansion Stage) begrenzt. Danach wird ein Ausstieg mit dem höchstmöglichen Investitionsertrag angestrebt. Die Beteiligungsdauer liegt je nach Branche zwischen drei und sieben Jahren, wobei durchschnittliche jährliche Renditen von 25% (Later Stages) bis über 50% (Early Stages) angestrebt werden.

VC-Fonds haben äußerst strenge Auswahlkriterien. Der Großteil der eingereichten Projekte wird bereits vor genauerer Prüfung abgelehnt. Meist sind die Gründe mangelnder Branchenfit, eine nicht passende Unternehmensphase, die Höhe des Kapitalbedarfs, sowie ein nicht schlüssiger Businessplan (beispielsweise fehlen Daten, bzw. die Betriebszahlen sind nicht nachvollziehbar). Dazu kommt noch, dass VC-Gesellschaften zumeist auf bestimmte Branchen spezialisiert sind. Ein VC-Manager muss bei der Investmententscheidung das gesamte Portfolio der bereits getätigten Investments seines Fonds im Blick behalten. Nur 10-15% der Finanzierungsanfragen werden einer näheren Prüfung unterzogen, und letztlich wird in 1-2% der eingereichten Geschäftsideen investiert.

Die Höhe des Investments liegt zwischen € 200.000,- (frühe Phasen) und € 5 Mio. für Minderheitsbeteiligungen. Bei großen Investments schließen sich meist mehrere VC-Gesellschaften zusammen. Die Auszahlung des Beteiligungskapitals erfolgt in mehreren Tranchen, wenn bestimmte, im Vorfeld vereinbarte Meilensteine erreicht worden sind. Damit senkt der VC-Fonds sein Risiko und erhöht seine Möglichkeiten einzugreifen.

Ähnlich wie Business Angels bringen auch VC-Gesellschaften eine Reihe weiterer Leistungen in das Beteiligungsunternehmen ein, um die Unternehmensentwicklung zu fördern: regelmäßige Meetings und Workshops, Analyse von Finanz- und Geschäftsberichten, Strategieberatung, Unterstützung bei Kooperationssuche und Kooperationsverhandlungen oder aktive Mitwirkung im Beirat bzw. Aufsichtsrat. Gute VC-Manager sind für das Beteiligungsunternehmen wichtige Türöffner - gegenüber Kunden, Lieferanten, Banken oder Kooperationspartnern.

Seed-Finanzierung, Early Stage Venture Capital

Seed Fonds und Early Stage Venture-Capitals sind institutionelle Investoren, die hinsichtlich ihrer grundsätzlichen Charakteristika mit Venture-Capital-Gesellschaften vergleichbar sind. Ihre Besonderheit besteht darin, dass sie sich an Unternehmen beteiligen, die sich noch in einer frühen Entwicklungsphase befinden. Das Produkt (und damit der Markteintritt) ist mitunter noch relativ weit entfernt.

In Österreich gibt es derzeit de facto keine privaten Seed Fonds. In fast allen Bundesländern werden aber von den jeweiligen Landesförderstellen Beteiligungsprogramme (ca. € 50.000,- bis € 1,5 Mio.) für innovative Gründungen angeboten. Der Standort muss dabei im betreffenden Bundesland liegen.

Die öffentlichen Beteiligungsgesellschaften treten oftmals als Co-Investoren auf, wenn sich auch ein sogenannter Lead-Investor (meist ein privater institutioneller Investor) beteiligt. Eine Finanzierungszusage eines öffentlichen Fonds kann die Suche nach einem privaten VC-Geber sehr erleichtern.

Superangels

Super Angels sind eine in Europa relativ neue Investorenform. Es handelt sich um einen Zusammenschluss von Business Angels, die gemeinsam einen professionell gemanagten Fond aufsetzen. Wie bei einer Venture Capital Gesellschaft wird das Fondvermögen in Beteiligungsunternehmen investiert, im Gegensatz zu Venture Capital aber meist schon in sehr frühen Unternehmensphasen. Alle Investoren bringen sich sehr aktiv in die Betreuung der Beteiligungsunternehmen ein. Die handelnden Personen sind üblicherweise selbst sehr erfolgreiche und erfahrene Unternehmer mit branchenspezifischem Know-how und vielen Kontakten.
Super-Angels sind bisher fast ausschließlich im Informations- und Kommunikationstechnik-Bereich (IKT) zu finden. Das Investitionsvolumen beginnt bei etwa € 50.000,- und reicht beim ersten österreichischen Super-Angels-Fonds SpeedInvest bis zu € 500.000,- (www.speedinvest.com).

Strategischer Investor

Jeder Investor ist Miteigentümer Ihres Unternehmens und trägt das unternehmerische Risiko mit Ihnen mit. Investoren sind an Geschäftsmöglichkeiten interessiert, die ein ansprechendes Verhältnis aus Risiko zu Ertrag bieten. Strategische Investoren verfolgen aber darüberhinausgehende Ziele. Diesen Investoren geht es vor allem um die Beteiligung an einem Unternehmen, das zukunftsweisende Produkte entwickelt, welche für das Mutterunternehmen interessant sind. Diese Produkte können beispielsweise die eigene Produktpalette ergänzen oder aber in Konkurrenz zu dieser stehen.
Strategische Investoren finden Sie meist in Ihrer eigenen oder einer artverwandten Branche.

Mezzaninkapital

Mezzaninkapital (MK) ist Risikokapital für wachstumsorientierte Unternehmen. Es kann aber auch bilanzoptimierend und zur Konsolidierung verwendet werden. MK ist für jene Unternehmen interessant, welche Kapital brauchen, aber keine Beteiligungspartner oder Bankkredite wünschen.

Mezzanine Finanzierungsformen sind eine Mischung aus Eigenkapital- und Fremdkapital.

Wenn MK in Form eines Darlehens in das Unternehmen fließt, dann hat es Fremdkapitalcharakter und wird in der Regel in der Unternehmensbilanz als Verbindlichkeit erfasst (Debt Mezzanine). Dieses Darlehen ist meist nachrangig, unbesichert, endfällig und unkündbar.

Mezzanin-Kapital kann aber auch eigenkapitalähnlich (Equity Mezzanine) in Form von Genussrechten, wertpapierverbrieften Genussscheinen oder stillen Beteiligungen gegeben werden. Möglich sind darüber hinaus Wandel- und Optionsanleihen.
Klassische Fremdkapitalgeber rechnen das Mezzaninkapital meist dem Eigenkapital zu, da es die verfügbaren Sicherheiten nicht schmälert. Dies hat zur Folge, dass nach Einbringung von Mezzaninkapital die Kreditlinie erhöht werden kann. So entsteht eine günstigere Mischfinanzierung aus MK und Bankkredit.

Mezzaninfinanzierungen sind sehr flexibel in der Ausgestaltung und lassen sich daher gut an individuelle unternehmerische Bedürfnisse anpassen. Die Gestaltungsmöglichkeiten von MK-Finanzierungen sind auch gesetzlich weniger reguliert als beispielsweise Aktienkapital. So sind flexible Lösungen möglich, insbesondere in

Bezug auf die Laufzeit (7 bis 10 Jahre), Kündigungsmöglichkeiten, Verzinsungs-, Gewinn- und Verlustregelungen oder Rückzahlungsmodalitäten.
Diese Punkte entscheiden auch, wie das investierte Kapital hinsichtlich Haftung und Steuerrecht betrachtet wird (Eigen- oder Fremdkapital).

Das Mezzanin-Mindestvolumen beträgt als Folge der aufwendigen Prüfung des Kapitalnehmers (mangels Sicherheiten) mindestens 500.000 Euro. Die Prüfung erfolgt oftmals in Form eines externen Ratings.
Die Kosten für das Unternehmen teilen sich in fixe Kosten und erfolgsabhängige Komponenten.

MK-Geber sind oftmals Private Equity Gesellschaften, Banken sowie spezielle Mezzanin-Fonds. Die Verhandlungen mit diesen Kapitalgebern sollten dem Profi überlassen werden.

Family Offices

Einem strategischen Investor ähnlich sind sogenannte Family Offices. Hier treten wohlhabende Familien als Investoren auf. Family Offices wollen Vermögen in der Regel langfristig anlegen, aber mit unterschiedlichsten Erwartungen und Risikozielen.

Der Grundgedanke bei einem Family Office ist: Jedes einzelne Mitglied einer reichen Familie hat seine persönlichen Banker, Vermögensverwalter, Steuerberater und Juristen - warum also nicht eine Vermögensverwaltung für die gesamte Familie schaffen, die alle die zuvor genannten Funktionen übernimmt?

Die Superreichen, mit einem liquiden Vermögen jenseits von 300 Millionen Euro, gründen ein sogenanntes Single

Family Office. Dieses verwaltet das Vermögen der betreffenden Familie und wird von ihnen kontrolliert. Manche solcher Family Office Büros kümmern sich auch um weitere Familien und werden so zu einem Multi Family Office. Hier mischen auch Banken mit eigenen Ablegern von Family Offices mit.

Family Offices bieten nicht nur eine individuelle Vermögensverwaltung mit Aktien, Anleihen und dergleichen. Vielmehr kümmern sie sich generationenübergreifend zusätzlich um Besitztümer wie Immobilien, Ländereien, Walder, Oldtimer, Kunstsammlungen und darüber hinaus auch um Firmenbeteiligungen. Sie bereiten Unternehmensverkäufe und Firmennachfolgen vor, beraten in Erbschafts-, Steuer- und Rechtsfragen und betreuen familieneigene Stiftungen.

Während Vermögensverwalter oft nur Teile der liquiden Gelder anlegen, setzen Family Offices meist ganzheitliche Strategien um, die auch mit dem restlichen Familien- oder Firmenbesitz abgestimmt sind.

Sonstige Finanzierungsformen

Neben den bisher vorgestellten Finanzierungsformen bieten sich für Ihr Unternehmen weitere Finanzierungsformen an. Manche scheinen banal, andere wiederum eher ungewöhnlich. Bewährt haben sich diese Finanzierungsarten aber allemal und daher sollen diese hier kurz vorgestellt werden.

Lieferantenkredit

Diese Finanzierungsart gilt als Betriebsmittelkredit und wurde auch in diesem Abschnitt schon erwähnt, soll aber hier näher erörtert werden:

Sie erhalten von Ihrem Lieferanten Kredit, indem Sie die gelieferte Ware erst später bezahlen. Der Lieferantenkredit ist meist durch einen Eigentumsvorbehalt abgesichert. Diese Kreditbeziehung zwischen dem Lieferanten und seinem Kunden ist im Kaufvertrag geregelt.

In Kaufverträgen finden sich oft Formulierungen wie:

"Bei Zahlung des Rechnungsbetrages innerhalb von zehn Tagen 2 % Skonto. Bei Zahlung innerhalb von 30 Tagen Zahlung netto Kasse".

Dies bedeutet, dass der Kunde von dem Lieferanten einen Preisnachlass von 2 Prozent der gesamten Rechnungssumme erhält, wenn er den Rechnungsbetrag innerhalb von zehn Tagen begleicht, oder eben einen Kredit für 30 Tage erhält.

Bei näherer Betrachtung zeigt sich, dass Lieferantenkredite meist sehr teuer sind. Es ist keine Seltenheit, dass ein

Lieferantenkredit bis zum Fünffachen eines Kontokorrentkredites kostet - der Zinssatz in dem zuvor genannten Beispiel entspräche einer Effektivverzinsung von ca. 24% pro Jahr!

Der Lieferantenkredit hat für den Kreditnehmer aber auch einige Vorteile, sodass er im täglichen Wirtschaftsverkehr häufig in Anspruch genommen wird. Es entstehen keine Verpflichtungen bei Banken. Außerdem steht der Lieferantenkredit sofort zur Verfügung und es entfallen viele bankübliche Formalitäten (wie zum Beispiel die Prüfung der Kreditwürdigkeit). Dennoch sollten Sie nur das Zahlungsziel und den Skonto innerhalb der Zahlungsfrist nutzen (üblicherweise 2% - 4% bei Zahlungsziel von 10 Tagen).

Wechseldiskontkredit

Der Wechseldiskontkredit ist ein kurzfristiger Bankkredit vor dem Hintergrund eines Forderungsverkaufes. Ein Diskontkredit entsteht, wenn eine Bank einen Wechsel vor seiner Fälligkeit ankauft und dem Einreicher des Wechsels die Wechselsumme zur Verfügung stellt. Voraussetzung für einen Wechseldiskontkredit ist ein Warentransfer.

Ein Beispiel soll den Ablauf zeigen:

1.) Es kommt zu einem Warenverkauf von einem Produzenten oder Händler an einen Abnehmer. Der Abnehmer zahlt den Kaufpreis nicht sofort, sondern zu einem vereinbarten späteren Zeitpunkt. Es wird also ein Zahlungsziel eingeräumt.

2.) Gleichzeitig wird ein Wechsel über den Rechnungsbetrag mit einem entsprechenden Fälligkeitsdatum erstellt. Der Abnehmer übernimmt so eine wechselrechtliche Zahlungsverpflichtung.

3.) Der Produzent oder Händler verkauft nun den Wechsel des Abnehmers an die Bank und erhält den abgezinsten Betrag von der Bank (Rechnungsbetrag abzüglich des Diskontsatzes).

4.) Die Bank behält das dem Abnehmer eingeräumte Zahlungsziel im Auge und streicht spätestens zu diesem Zeitpunkt die auf dem Wechsel notierte Summe ein, ohne einen Diskont abzuziehen.

Obwohl bei diesem Vorgang scheinbar ein Forderungskauf stattfindet, handelt es sich bei einem Wechseldiskontkredit aber eher um einen Vorschuss - also einen Kredit. Denn die Rechtslage besagt, dass der Produzent oder Händler der Gläubiger des Wechselbetrags bleibt. Die Bank wendet sich bei Zahlungsverzug nicht an den Abnehmer der Waren, sondern an den Produzenten oder Händler. Daher prüft die Bank vor Einräumen eines Wechseldiskontkredits die Kreditwürdigkeit des Produzenten bzw. des Händlers.

Der Wechselankauf durch eine Bank reduziert den Zeitraum bis zum Zahlungseingang. So wandeln Sie Forderungen in Bankguthaben! Sie sparen Zeit und Geld und können schneller wachsen. Sie können Ihren Kunden längere Zahlungsziele gewähren und erhalten die Zahlung dennoch sofort. Zahlungsausfälle können Sie durch eine Forderungsversicherung verhindern.

In der Regel ist der Wechseldiskontkredit günstiger als ein Kontokorrentkredit. Der Wechseldiskontkredit wird aber immer für die gesamte Rest-Laufzeit des diskontierten Wechsels in Anspruch genommen. Würde aber Ihr Unternehmen ab einem bestimmten Zeitpunkt der Restlaufzeit des Wechsels nicht die so entstandene Liquidität benötigen, dann entstehen so genannte "Leerzeiten", die den Wechseldiskontkredit dann effektiv teurer machen.

Innenfinanzierung, Eigenkapitalfinanzierung

Als Klassiker der Eigenkapitalfinanzierung gilt die Innenfinanzierung. Wie alle Formen der Beteiligungsfinanzierung, die bereits in den Abschnitten zuvor erörtert wurden, stellt sie das Gegenstück zur Fremdkapitalfinanzierung dar.
Anders als bei der Eigenkapitalbeschaffung mittels Beteiligung von Investoren werden bei der Innenfinanzierung die finanziellen Mittel von den derzeitigen Eigentümern in das Unternehmen eingebracht, oder es werden Unternehmensgewinne im Unternehmen belassen bzw. nicht ausgeschüttet. Im letzteren Falle spricht man auch von Selbstfinanzierung.
Des Weiteren besteht die Möglichkeit, durch Verkauf nicht betriebserforderlicher Vermögensgegenstände Kapital aufzubringen.

Finanzierung durch Kooperationspartner

Hier wird das erforderliche Kapital durch den Zusammenschluss mehrerer Geschäftspartner gemeinsam aufgebracht. Die erforderliche Größenordnung der Kapitalinvestition sollte jedoch nicht das einzige Kriterium bei der Partnerwahl sein.
Wenn es um Ihren Wunschpartner geht, gilt es zahlreiche Fragen abzuhandeln. In vielen Fällen bringen Ihre Geschäftspartner neben Kapital auch Kontakte und Knowhow in das Unternehmen ein.

Vielleicht wollen Sie die eigenen Mitarbeiter an Ihrem Unternehmen beteiligen? Mitarbeiterbeteiligungen heben die Loyalität und den Arbeitseinsatz Ihrer Mitarbeiter. Die Leistungsbereitschaft steigt und ein Strom neuer Ideen und Verbesserungen erhöht die Wertschöpfung des Unternehmens.

Franchise

Beim Franchising stellen Sie als Franchise-Geber den Franchise-Nehmern die Nutzung Ihres Geschäftskonzeptes gegen Entgelt zur Verfügung. Der Franchise-Geber ist gegenüber dem Franchise-Nehmer vertraglich verpflichtet, Nutzungsrechte an Schutzrechten (z.B. Markenrecht, Urheberrecht, Musterrecht, Patentrecht) zu gewähren und das notwendige Know-how bereitzustellen.

Der Franchise-Nehmer erhält somit die Erlaubnis, über Rechte des Franchisegebers zu verfügen, allerdings in einem genau festgelegten Rahmen. Neben der Benutzung von Markennamen, Anwendung einer Rezeptur, Erzeugung und/oder Vertrieb einer Warengruppe, wird im Franchise-Vertrag geregelt: Vertragsgebiet, Schulungskonzepte, Marketing- und Werbekonzepte, Kontrollrechte, Berichtswesen, Buchführung, Abwerbe- und Wettbewerbsverbot, Vertragsdauer und Vertragsende.

Der Franchise-Vertrag ist also ein Vertrag, der aus Elementen eines Lizenzvertrages, eines Vertriebsvertrages und eines Know-how-Vertrages besteht. Darüber hinaus gehend können noch weitere Regelungsinhalte Teil eines Franchise Vertrages sein. Dafür hat der Franchise-Nehmer eine Franchise-Gebühr zu zahlen. Diese Gebühr kann neben einem laufenden Entgelt auch eine einmalige Zahlung am Beginn enthalten. Franchise-Nehmer treten so als Kapitalgeber auf.

Nicht jedes erfolgreiche Geschäftskonzept ist für ein Franchise-System geeignet. Ein Geschäftskonzept muss sich unabhängig von den lokalen Rahmenbedingungen umsetzten lassen. Eine Standardisierung der Geschäftsabläufe muss daher bis zum Start des Franchise-Systems erfolgen. Ein Aspekt des Franchisings ist auch der hohe

Wiedererkennungswert und eine gleichbleibend gute Leistung aller Franchise-Partner. Eine Vereinheitlichung ist also notwendig für den Marktauftritt.

Für Unternehmensgründer erhöht eine Franchise-Lösung die Chancen beispielsweise auf eine Venture Capital Finanzierung und zieht weitere Investoren an. Es ist daher überlegenswert, Investoren einen Businessplan inkl. Franchise-Lösung vorzulegen. Besonders interessant ist eine Franchise-Lösung in Kombination mit Crowdfunding oder einer Venture Capital Finanzierung.

Auch für Bankfinanzierungen ist eine Franchise-Lösung sinnvoll, weil die Eigenkapitalquote steigt. Damit steigt die Bonität nach Basel II und III und eine Finanzierung wird möglich bzw. günstiger!

Förderungen

Unternehmensförderungen geben Anreize zur Gründung und Weiterentwicklung von Unternehmen. Diese Programme sollen Unternehmen zu Innovationen motivieren. Sie sollen auch helfen, Projekte effizienter und effektiver umsetzen zu können. Mit innovativen Leistungen rascher in den Markt zu kommen - das schafft Wettbewerbsvorteile und sichert die interne Weiterentwickelung der Unternehmen. Eine nachhaltige Standort- & Mitarbeitersicherung, sowie Schaffung neuer Arbeitsplätze, aber auch ökologische Überlegungen sind Ziele von Förderprogrammen. Solche Innovations-, Wachstums-, und Veränderungsprojekte haben noch andere Auswirkungen: Sie bewirken eine bewusstere Sicht auf die Kundenbedürfnisse. Sie schaffen Vertrauen in die eigenen Stärken und wecken das Bedürfnis Neues zu schaffen.

Förderungen sollen Veränderungen auslösen und anregen, sich bereits im Vorfeld unternehmensintern mit dem Thema „Innovation und Ideen fördern" auseinanderzusetzen.

Weitere Ziele von Förderungen sind:
Sich mit der Zukunftsplanung intensiv auseinandersetzen und eine passende Strategie zu finden um Wettbewerbsvorteile und Know-how aufzubauen, Kooperationsprojekte zu planen und umzusetzen oder neue Märkte im Ausland zu erobern, sich Zeit für Projekte nehmen um „Hidden Needs" von Kunden finden.

In Österreich gibt es mittlerweile auf Bundes- bzw. Landes-Ebene ein vielfältiges Angebot an Förderungen. Es gibt Förderungen für die unterschiedlichsten Unternehmensphasen sowie Projektarten und Aufwendungen. Dazu kommen noch Förderprogramme der Europäischen

Union. Die österreichische Förderlandschaft ist damit nahezu unüberschaubar geworden und macht eine erfolgreiche Fördersuche sehr zeitaufwendig!
Bevor Sie sich aber auf die Suche nach den passenden Förderungen machen, müssen Sie sich zuerst über 2 Punkte im Klaren sein:

1.) Förderungen zielen vorwiegend auf NEUES ab - auf Ideen die zu Innovationen werden, um dadurch die Zukunftsfähigkeit zu gewährleisten! Das bestehende Tagesgeschäft und reine Ersatzinvestitionen werden in der Regel nicht gefördert!
2.) Die erfolgreiche Abwicklung der Förderprozedur erfordert Erfahrung. Im gesamten Prozess des Förderungsmanagements ist es notwendig systematisch und gewieft vorzugehen. Es ist daher unerlässlich bei den einzelnen Förderstellen, der Wirtschaftskammer und Beratern möglichst viel an Informationen einzuholen.

Wer und was wird gefördert

Die Masse der Förderprogramme richtet sich an Gründer sowie an bestehende KMU (kleine und mittlere Unternehmen), die ihre Zukunft aktiv gestalten wollen. Dabei gilt ein Unternehmen als ein KMU nach der Definition der Europäischen Union, wenn folgende Voraussetzungen gegeben sind:

- Weniger als 250 Vollzeit-Mitarbeiter und
- Umsatzerlöse max. € 50 Mio. und / oder
- Bilanzsumme max. € 43 Mio.
- Weniger als 25% Beteiligung an einem großen Unternehmen
- Weniger als 25% im Besitz eines großen Unternehmens

Gefördert werden Projekte zur
- Entwicklung von Produkten oder Dienstleistungen
- Einführung von Herstellungsprozessen
- Veränderung von technischen Verfahren
- Verbesserung von Werkstoffen, Technologien, Management und Marketinginhalten

Gefördert werden innovative Projekte mit bzw. für
- aktivierungsfähigen Investitionen
- bauliche Maßnahmen
- Maschinen und Anlagen
- Hardware & Software
- immaterielle Anlagegüter
- interne Personalkosten für Projektaufgaben
- externe Kosten, Leistungen Dritter

Darüber hinaus werden gefördert:
- das Ausloten von Vertriebs- & Kooperationspartnern
- internationale Messeauftritte & Anbahnung von grenzüberschreitenden Kooperationen
- die Umsetzung eines Internationalisierungsplans
- Export-Consulting
- Coaching zum Wissenstransfer
- die Unterstützung durch Experten im Zielland (Export)
- Information für Neuexporteure
- Exportkompetenz-Werkstätten
- Export Schecks für Fernmärkte
- Marktsondierungsreisen & Nachbarschaftsmessen

Weiter gibt es noch Förderungen für:
- Personaleinstellung
- Aus- und Weiterbildung
- Österreichische Kooperationsprojekte
- Umwelt- und Energiebereiche
- Elektroautos
- Projekte zum nachhaltigen Umgang mit Ressourcen

Wie viel wird gefördert?

Die mögliche Förderhöhe hängt ab von:
- der Unternehmensgröße - (Klein-, Mittel-, Großbetrieb),
- vom Standort der Investition (Regionalfördergebiet)
- vom Investitionszweck (Forschung und Entwicklung, ökologische Maßnahmen, neue Produktion, etc.).

Gründer und bestehende KMU werden besonders gefördert! Die maximale Förderhöhe wird als Prozentsatz der anerkennbaren Projektkosten ("Förderbarwert") festgelegt.

Förderstellen und Förderarten

Die bereitgestellten Fördergelder der Wirtschaftskammer, der Länder, des Bundes und der EU wurden in den letzten Jahren nie in voller Höhe in Anspruch genommen. Hierfür sind einige Ursachen zu nennen. Einerseits gibt es nach wie vor ein unzureichendes Bewusstsein für das Thema Förderung von Gründungs- und Wachstumsprojekten in Unternehmen. Weiter mangelt es am Know-how über eine mögliche Abfolge und Kombinierbarkeit von Förderprogrammen. Als Hauptursachen bleiben aber neben dem Informationsmangel vor allem Beratungsdefizite. Nämlich darüber, was Förderstellen wirklich wollen, sowie die Unsicherheit vor der vermeintlichen Bürokratie und fehlende Orientierung im „Förder-Dschungel".
Die Vielfalt und Komplexität an Fördermitteln ist die größte Herausforderung für Unternehmen. Das Antragswesen ist selbst für Fachkräfte beim ersten Mal ein nahezu unüberwindliches Hindernis. Alleine in Wien gibt über 50 potenzielle Förderprogramme von mehreren Landesförderungsstellen und den in Wien angesiedelten Bundesförderungs-

stellen. Fasst man deren Richtlinien und Anforderungen zusammen, so ergeben sich Tausende von Seiten mit Texten, deren Inhalte nicht immer leicht verständlich formuliert sind. Als erste Orientierungshilfe und um herauszufinden, welche Förderungen für ein Vorhaben möglich sind, können "Förderdatenbanken" im Internet herangezogen werden. Hier werden alle für das jeweilige Vorhaben infrage kommenden Fördermittel standardisiert angezeigt.

An direkten und indirekten Förderungen gibt es:
- Zuschüsse für Beratungen
- Haftungsübernahmen
- Zinszuschüsse
- Nicht rückzahlbare Barzuschüsse
- Begünstigte Direktdarlehen
- Beteiligungskapital der Länder und des Bundes
- Begünstigungen bei Steuern und Gebühren (NeuFöG, Forschungsprämie, etc.)

Für Gründer

Wer bei seinem Schritt in die Selbständigkeit in Investitionsgüter und Personal investieren will, sollte frühzeitig prüfen, ob Gründungsförderungen für das jeweilige Gründungsprojekt möglich sind. Die Förderpalette ist gerade für Gründer sehr umfangreich. Über 100 Fördertöpfe des Bundes und der Bundesländer stehen für Gründer bereit. Dazu kommen noch rund 50 projektbezogene EU-Förderprogramme und eine Vielzahl von Wettbewerben, bei denen attraktive Preise winken. „Förderangst" muss man trotz der Fülle von Fördermöglichkeiten und den umfangreichen Förderrichtlinien nicht haben. Existenzgründung und Unternehmensförderung müssen nur optimal systematisch aufeinander abgestimmt werden. Konkrete Förderbeispiele für Gründer und Jungunternehmer sind beispielsweise auf der Homepage von www.ideenovation.com ersichtlich.

Für wachsende Unternehmen

Wachstumsprojekte von KMU kosten Zeit und Geld. Sie bringen höhere Umsatzerlöse, positive Deckungsbeiträge und sichern die Zukunftsfähigkeit. Interne und externe Innovationen sichern die Überlebensfähigkeit. Viele Unternehmen lassen sich finanziell durch Förderungen (Barzuschüsse und geförderte Kredite, etc.) unterstützen, um ihre Wachstumsprojekte umzusetzen. Wachstumsprojekte können in allen Phasen unterstützt werden. Von der Idee, dem Überleiten in eine Innovation, den Investitionstätigkeiten, den Personalmaßnahmen, bis zur Marktdurchdringung stehen Förderungen bereit.

Schritte zur Förderung

von der Idee, über die Planung, bis zur Einreichung

Erste Phase:
- Die Ideen und das Projekt durchleuchten und potenzielle Förderungen ausloten
- Grundstrategie prüfen und Überleiten in Suchfelder für Ideen
- Ideen durchleuchten
- Anforderungskriterien und erste Informationen über Förderprogramme sammeln
- Erste Projektbeschreibung mit Projektzielen, Arbeitspaketen, Projektmitarbeiter, Zeiteinsatz, Leistungen Dritter, Investitionen
- Förderungsdetailrecherche und Abklärung der Förderrichtlinien
- Aufbereitung der Stammdaten für den Förderantrag
- Übersicht über die Einreichungskriterien gewinnen
- Durchlaufzeiten planen

Zweite Phase:
- detaillierte Projektplanung und Förderungseinreichung
- Projektplanung (Erstellung des Projektplans und des Projektstrukturplans)
- Erkennen des Schwergewichtes im Förderantrag und Ausformulierung der Fragen
- Überleitung des Projektplans in den Förderungsantrag
- Ausarbeiten der Beilagen, wie Personal-, Finanz-, oder Marketingplan
- Projektziele überprüfen
- Abgabe, elektronische Einreichung aller Unterlagen

Welche Stammdaten werden benötigt:
- aktueller Firmenbuchauszug
- Gewerbeschein am Projektstandort
- Darstellung der Beteiligungsverhältnisse
- Darstellung der Unternehmensentwicklung und der derzeitigen Produkte sowie Dienstleistungen
- die 3 letzten Jahresbilanzen samt Beilagen
- die Planung der nächsten 3 Jahre
- aktueller Ist-Stand der Personalstandliste

Die absoluten „No Go`s" in Förderungsprojekten
- die Anforderungen werden gemäß den Richtlinien nicht erfüllt
- oberflächliche Beschreibungen
- kein nachvollziehbares Geschäftsmodell
- unrealistische Angaben zur Arbeitsdauer im Projekt
- Einreichung nach Projektbeginn
- Einreichung nach erster Faktura im Projekt
- Begrifflichkeit subjektive und objektive Innovation falsch verstanden
- das Projekt ist nicht ausfinanziert

DONT`s in Förderungsprojekten
- falsche oder mangelnde Ressourcenplanung
- unscharfe, unklare Strategie
- keine klaren Projektziele
- fehlendes Verständnis für die Anforderung der Förderstelle
- unzureichende Kommunikation
- fehlender Mut und fehlende Überzeugung im Projektteam
- zu kurzer Zeithorizont

DO`s in Förderungsprojekten
- klare Vision und vorausschauende Konzeption
- Informationen über Förderungen einholen
- konkrete Zielvorgaben & konsequente Umsetzung
- klare Projektplanung mit realistischen Zahlen
- klare Sprache
- nachvollziehbares Geschäftsmodell
- detailliertes Eingehen auf die Fragestellungen
- das Projekt soll auch ohne Förderung umsetzbar sein
- klare Trennung zwischen dem Tagesgeschäft und Entwicklungsprojekten (Freitag ist Projekttag)
- Ausreichend Zeit für das Projekt zur Verfügung

Fazit: Eine umfassende Fördermittelrecherche und die Zusammenstellung der in Betracht kommenden Förder-Programme ist äußerst aufwendig und kann nur individuell ausgeführt werden. Berater können Sie dabei unterstützen, um den ganzen Ablauf effizienter und effektiver zu machen. Meist werden nur so Fehler vermieden und maximale Fördermittel erzielt. Daher sollte nicht nur die Beantragung, sondern bereits die Projektierung in Zusammenarbeit mit dem Berater durchgeführt werden.

Abschließende Hinweise für den Finanzierungssuchenden

Vorbereitung

Gute Vorbereitung ist ein ganz entscheidender Erfolgsfaktor, um Banken oder Investoren vom eigenen Vorhaben überzeugen zu können. Dies betrifft zuallererst die Erstellung eines fundierten Businessplans. Des Weiteren erfordern die Investorenauswahl und die Art der Investorenansprache entsprechende Vorbereitung. Welcher Investor passt zum Unternehmen? Was erwartet oder braucht das Unternehmen vom Investor?

Ein überzeugendes Erstgespräch ist unerlässlich, um einen guten ersten Eindruck beim potentiellen Investor zu hinterlassen. Auch hierfür braucht es eine gute Vorbereitung und genaue Kenntnis der eigenen Zahlen und Annahmen - Unternehmer sollten für den ersten persönlichen Kontakt mit dem Investor in der Lage sein alle Fragen kompetent und authentisch zu beantworten.

Business Angels testen beim Erstkontakt meist die Glaubwürdigkeit des Gründers und seines Konzepts. Von diesen Eindrücken lassen sie sich bei der Investitionsentscheidung leiten.

Berater

Vergessen Sie nie, dass ein Bankmitarbeiter im Interesse der Bank handeln muss. Er wird dafür bezahlt die höchstmöglichen Kreditzinssätze und Gebühren für die Bank durchzusetzen. Diese Kosten bezahlen Sie!

Unabhängige Berater helfen dabei, in kurzer Zeit einen anspruchsvollen Businessplan zu erstellen, und verfügen darüber hinaus oft über gute Kontakte in der Finanzierungsbranche. Sie können einen Beitrag leisten, die Finanzierungsperiode zu verkürzen und die Erfolgsaussichten erhöhen. Gute Berater kosten aber auch gutes Geld. Um die Kontrolle über die Kosten zu bewahren, ist es ratsam, neben einem fixen Stundensatz auch Erfolgsprämien für das Erreichen bestimmter Meilensteine zu vereinbaren (z. B. Erstellung Businessplan, Auswahl/Vermittlung einer bestimmten Anzahl von Investoren, Eingang eines Letters of Intent).

Kommunikationsfähigkeit

Personen – besser Persönlichkeiten sind der entscheidende Faktor für ein Venture-Geschäft. Oft werden inhaltlich weniger gut aufgestellte Projekte aufgrund der Überzeugungskraft der vorstellenden Person(en) "besseren" Projekten vorgezogen. Es ist daher wichtig, authentisch und in klaren, kurzen Sätzen verständlich zu erklären worum es geht, um potenzielle Investoren von der Idee zu begeistern. Gute Vorbereitung und ein detaillierter, schlüssiger Businessplan sind eine wichtige Basis – sowohl für Sie selbst als auch für potenzielle Investoren.
Aber überzeugen Sie Ihr Gegenüber davon, dass nur Sie die richtige Person für die Umsetzung sind. Sehr oft wird in Personen investiert, nicht nur in Ideen. Sollten – aus welchem Grund auch immer – es nicht Sie selbst sein, sorgen Sie dafür, dass die richtige Person anwesend ist.

Ganz wesentlich ist es auch, eine klare Vorstellung davon zu haben, wie das zur Verfügung gestellte Kapital eingesetzt werden soll. Wenn der Investor sagt: „Ich gebe Ihnen € 250.000,-! Was passiert mit diesem Geld?", sollten Sie eine Antwort parat haben.

Elevator Pitch

Kommunikationsfähigkeit zeigt sich vor allem auch darin, dass ein Unternehmer in der Lage ist, die eigene Geschäftsidee kurz und „knackig" darzustellen und in sehr kurzer Zeit (oftmals in nur 30 Sekunden oder einer Minute) Interesse dafür zu wecken. Der Elevator Pitch ist eine prägnante Beschreibung der Geschäftsidee und das verbale Gegenstück zur Executive Summary im Businessplan.

Idealerweise versetzt sich der Gründer in die Situation des potenziellen Investors. Dieser wird von vielen Gründern angesprochen und möchte daher sehr schnell wissen, ob sich ein Investment bzw. eine genauere Beschäftigung mit dem Projekt für ihn lohnen könnte.

Ein Investor fragt sich: Um was geht es? Kommt das Projekt in Bezug auf Branche, Technologie, Volumen und Phase im Gründungsprozess für mich überhaupt infrage? Gibt es einen Markt? Ist das Projekt gut und wirklich marktreif?

Es ist daher unerlässlich direkt auf den Punkt zu kommen, nach dem Grundsatz „Das Wichtigste zuerst". Ein häufiger Fehler ist eine zu starke Fokussierung auf die Technologie als solche. Viele Gründer scheitern auch, weil sie zu umständlich oder unklar formulieren. Die Fähigkeit zur klaren und direkten Kommunikation ist aber eine Frage des Trainings. Üben Sie daher Ihren Elevator Pitch mit unbeteiligten Personen, um an deren Reaktionen zu erkennen, ob alles verstanden worden ist und welchen Eindruck das Gegenüber von Ihrer Geschäftsidee gewonnen hat. Im Internet kann man viele Beispiele und Tipps zur Gestaltung von guten Elevator Pitches finden.

Der erste Investor

Die größte Herausforderung besteht darin, den ersten Investor zu finden. Vor allem in Know-how-intensiven und technologieorientierten Start-ups werden die notwendige Zeit und der Aufwand für die Kapitalsuche oft unterschätzt. Allein das Finden von möglichen und geeigneten Investoren stellt eine große Herausforderung und auch einen erheblichen zeitlichen Aufwand dar:

Etwa sechs Monate für Vorbereitung (inkl. Business-Plan-Erstellung), Auswahl und Ansprache mehrerer Investoren und noch einmal so lange für Gespräche, Due Diligence und Verhandlungen sind normal. Insgesamt kann dies bedeuten, dass es bis zu zwölf Monate dauert, bis frisches Kapital dem Unternehmen tatsächlich zur Verfügung steht.

Es wäre sehr optimistisch davon auszugehen, dass bereits mit dem ersten angesprochenen Investor ein Beteiligungsvertrag abgeschlossen werden kann. Vielmehr sollten Sie damit rechnen, die eine oder andere Ablehnung zu erhalten. Hier ist Durchhaltevermögen gefragt! Ein gutes Beispiel für einen Unternehmer mit einer derartigen Ausdauer ist der CEO von Starbucks, Howard Schultz. Auf der Suche nach Investoren für die Übernahme des Unternehmens sprach er mit 242 Personen und wurde 217-mal abgelehnt.

Modewellen

Investoren folgen mit ihren Investitionen bestimmten „Modewellen". Diese Modewellen können inhaltlich ausgeprägt sein (z. B. war es in den Jahren nach 2001 sehr schwer, Internet-Start-ups zu finanzieren) oder auch die Unternehmensphase betreffen (z. B. ist es gerade „in", in sehr frühe Unternehmensphasen zu investieren). Dadurch besteht die Gefahr für Start-ups, keine Investoren zu gewinnen, wenn sie nicht in einer aktuellen „Modebranche" tätig sind. Zum anderen ist die Verfügbarkeit von Kapital auch konjunkturabhängig. In wirtschaftlich schwachen Zeiten werden grundsätzlich weniger Investitionen getätigt.

Sichtbarkeit

Investoren sind auf der Suche nach attraktiven Beteiligungsmöglichkeiten. Start-ups sollten also offen kommunizieren, das sie auf der Suche nach Kapitalgebern sind. Schon vor der eigentlichen Kontaktaufnahme mit einem potenziellen Investor kann es sehr wertvoll sein, durch die

Teilnahme an Businessplanwettbewerben oder an Start-up-Events (z. B. www.i2b.at, www.starteurope.at), sowie beim Besuch von Fach- und Informationsveranstaltungen das Interesse von Investoren zu wecken. Sobald ein Unternehmen auf dem Radar der Finanzierungsszene erscheint, ist es wahrscheinlich, dass Investoren von sich aus Kontakt aufnehmen werden.

Vernetzung

Die Investorenszene ist untereinander gut vernetzt. Sollte ein Projekt nicht in das Portfolio des einen Investors passen, kann es vorkommen, dass das Unternehmen an einen anderen Investor weiterempfohlen wird. Aber Achtung: Sowohl gute als auch schlechte Nachrichten sprechen sich sehr schnell herum. Ungenügende Vorbereitung oder unprofessionelles Auftreten bei einem Investorengespräch kann die Einladung zu Gesprächen mit weiteren Investoren erheblich erschweren.

Vertrauen und passende Chemie

"Whom you raise money from is more important than the amount or the cost."

Nicht immer muss jener Investor der Beste sein, der die höchste Bewertung anbietet. Geld ist nicht alles. Es gibt Investoren, die einen wirklichen Mehrwert für ein Geschäft liefern. Und die gilt es zu finden, auch wenn das Screening entsprechend lange dauern kann. Es ist wichtig eine genaue Vorstellung davon zu haben, was man von einem Finanzierungspartner will.

Bei der Auswahl des Investors sollte auch darauf geachtet werden, welchen zusätzlichen Wert er dem Unternehmen stiften kann: etwa in Form von branchenspezifischem Know-how, Kontakten, Unterstützung bei nachfolgenden Finanzierungsrunden, Glaubwürdigkeit etc.

Gegenseitiges Vertrauen ist wesentlich für eine erfolgreiche Zusammenarbeit von Investor und Beteiligungsunternehmen. Der Unternehmer muss darauf vertrauen können, dass der Investor nicht die Geduld verliert und sein Kapital in einer kritischen Situation abzieht. Oder durch sein Mitspracherecht Interessen vertritt, die nicht im Sinne der Unternehmensvision sind. Ebenso muss der Investor großes Vertrauen in das Unternehmen und die dahinterstehenden Personen haben. Nämlich, dass diese die Fähigkeit und den Willen besitzen, das zur Verfügung gestellte Kapital „richtig" einzusetzen. Dieses Vertrauensverhältnis und die gegenseitige Abhängigkeit erfordern eine „passende Chemie" im Sinne von korrespondierenden Vorstellungen zur Unternehmensidee und Vision.

Über die Autoren

DI Stefan Brozyna, MBA, geb. 1967 in Bukarest erfährt schon früh eine kosmopolitische Prägung. Die Eltern stammen aus Tirol bzw. altösterreichischen Galizien. Er verbringt seine Kindheit zunächst teilweise im Ausland, später in Wien und Niederösterreich. In Leoben studiert er an der Montanuniversität Werkstoffwissenschaften. In dieser Zeit absolviert er auch diverse Auslandspraktika.

Nach Abschluss des Studiums bietet sich ihm die Gelegenheit an einer Studie für den Wirtschafts- und Sozialausschuss der Europäische Union mitzuarbeiten. Er wird der Abteilung Energie, Atomfragen und Forschung in Brüssel zugeteilt. Die dort gewonnenen Erfahrungen und Kontakte befördern ihn nach seiner Rückkehr direkt in die Betriebsleitung des Böhler Uddeholm Werkes in Kapfenberg. In weiterer Folge wechselt er nach Wien zu Böhler International und übernimmt dort die Position des Exportmanagers für die Märkte Iran, Südkorea und Indien. Hier muss er sich vereinzelt auch um Finanzierungs- und Versicherungsfragen kümmern und lernt so die Finanzbranche kennen und schätzen. Nach einer intensiven Einschulungsphase in diese für ihn neue Branche, beginnt er bei der Nürnberger Versicherung als Maklerbetreuer und übernimmt dort die verkaufsfördernde Beratung von Finanzdienstleistern.

1998 gründet er seine eigene Beratungsfirma Kontrakta und widmet sich fortan Privat- und Hypothekarfinanzierungen für Privatkunden, Finanzinvestments, Sach- und Personenversicherungen. 2012 gründet er ein weiteres Unternehmen – Avantconsult. Hier steht die Finanzierung von KMU und Start-ups im Mittelpunkt der Beratungstätigkeit.

DI Stefan Brozyna lebt heute in Wien als Inhaber und Geschäftsführer der beiden Finanzdienstleistungsunternehmen Avantconsult und Kontrakta. Er engagiert sich bei diversen Sozialprojekten und schätzt den Umgang mit Menschen jeglicher Herkunft, seine Mitarbeiter stammen aus ganz Europa.

Michael Lampl, geb. 1963 in Wien, ist seit frühester Jugend ein Getriebener seiner vielfältigen Interessen.
Nach Absolvierung einer technischen Ausbildung im Bereich Maschinenbau reist er als Tournee-Musiker, später als Bühnentechniker und Lichtdesigner durch Europa. Wieder in Österreich, arbeitet er in unterschiedlichsten Verkaufs-Jobs, als Betriebsleiter einer Campingplatz-Kette und als Chauffeur für ein Mietwagenunterneh-  men, dessen teilweise Leitung er kurze Zeit später übernimmt.
1996 macht er einen beruflichen Neuanfang als Finanzdienstleister für einen Strukturvertrieb. Die Vielzahl an Kontakten aus seinem bisherigen Berufsleben und sein Präsentationstalent ermöglichen ihm innerhalb kurzer Zeit zu den Top-Verkäufern des Unternehmens aufzusteigen. Er erkennt aber, dass der alleinige Verkauf von Finanzprodukten nicht das ist, was seine Kunden von einem Finanzberater erwarten. Er gründet seine eigene Beratungskanzlei und baut diese in den darauffolgenden Jahren in Zusammenarbeit mit einer in Liechtenstein ansässigen Vermögensverwaltung und Investmentgesellschaft kontinuierlich aus.
Nach mehr als 15 Jahren innerhalb der Finanzbranche zieht er sich aus der aktiven Beratung von Kunden zurück. Er beginnt zu schreiben und widmet sich wieder mehr seiner alten Leidenschaft - der Musik.
Michael Lampl lebt heute in Niederösterreich als freier Schriftsteller, Musiker und Komponist.

Quellen, nützliche Links, Literatur

Factoring

www.vbfactoring.at
www.intermarket.at
www.bankaustria.at/firmenkunden-und-freie-berufe-finanzierungen-und-foerderungen-factoring.jsp

Seedfinanzierung

www.gruenderfonds.at
www.awsg.at
www.austrianstartups.com
www.pioneers.io
www.autobank.at
www.svea.com

Crowdfunding

www.conda.at
www.seedmatch.de
www.companisto.de
www.dasertragreich.at
www.greenrocket.at

Inkubatoren

www.inits.at

Businessangels

www.aaia.at
www.i2b.at
www.business-angels.at
www.businessangelday.eu
www.starteurope.at
www.aico.co.at

Mezzaninkapital

www.mittelstands-fonds.at
www.noebeg.at

Förderungen

Allgemeine Infos und Förderdatenbanken
www.foerderkompass.at
www.awsg.at/Content.Node/foerderungen/67204.php
www.foerderportal.at

Bundesweite Förderungseinrichtungen und -programme
www.awsg.at
www.wko.at/foerderungen
www.ffg.at
www.go-international.at
www.exportfonds.at

Förderungen von Rohstoffpreisrisiken
www.commerzbank.de/rohstoffe

Weitere nützliche Links

Adressen Ankauf
www.herold.at
www.schober.co.at

Behörden
www.bmf.gv.at
www.rechnungshof.gv.at
www.volksanw.gv.at
www.help.gv.at

Kreditauskünfte / Risk Management
www.ksv.at
www.creditreform.at

Liefergesellschaften
www.werliefertwas.at

Marktstudien
www.gfk.at
www.prognos.com
www.marketagent.com

Sektorenanalyse / Vergleichszahlen
www.kmuforschung.at

Patentämter, Patentsuche
www.european-patent-office.org
www.patentamt.at
www.espacenet.com

Presse
www.kurier.at
www.derstandard.at
www.faz.net
www.zeit.de
www.handelsblatt.com
www.monde-economique.ch
www.businessweek.com
www.ft.com/home/europe
www.forbes.com/forbes/
www.economist.com
www.wsj.com
www.lenouveleconomiste.fr
www.lentreprise.com

Recht
www.rdb.at
www.jusline.at
www.europa.eu
www.aushangpflicht.at
www.edikte.justiz.gv.at

Steuern
www.steuerverein.at
www.bmf.gv.at
www.steuerindex.at

Statistiken
www.noel.gv.at
www.oenb.at
www.sozialversicherung.at (Über Uns/Zahlen-Daten-Fakten)
www.wgkk.at
www.statistik.at
www.wifo.ac.at

Weitere Links
www.vki.at
www.ecointernational.at
www.go-international.at
www.wu.ac.at
www.nachfolgeboerse.at
www.aerztekammer.at
www.startupeuvents.com
www.inventures.eu

Literatur

Beike, Rolf / Schlütz, Johannes: Finanznachrichten. Lesen-verstehen- nutzen, Schäffer-Poeschel, Stuttgart 2001
Brandes, Dieter : Konsequent einfach, Campus, Frankfurt a.M. 1998
Busch, Friedhelm: Greife nie in ein fallendes Messer, Campus, Frankfurt/New York 1999
Dichter, Ernest: Neues Denken bringt neue Märkte, Überreuter, Wien 1999
Edelmann, Ric: The New Rules of Money, Harper Collins, London/New York

Eiselsberg / Nidetzky / Sulz: Die österreichische Privatstiftung. Vermögen erfolgreich erhalten, Creditanstalt-Bankverein, Wien 1997

Foden, John: Bezahlt, um zu entscheiden. 30 Schlüsselthemen, die kein Manager ignorieren kann, Überreuter, Wien 1992

Fridson, Martin S.: Milliardäre und ihre Erfolgsgeschichten, Börsenverlag, Kulmbach 2001

Gebert / Hüsgen: Candlestick-Charttechnik, Börsenbuchverlag, Kulmbach 1999

Givens, Charles J.: Financial Self-defense, Pocket Books, London/New York

Gloger, Axel: Millionäre. Vom Traum zur Wirklichkeit, Ueberreuter Wirtschaft, Frankfurt a.M. 1997

Hagstrom, Robert G.: Warren Buffett, Börsenverlag, Kulmbach 1996

Hamel, Gary: Das Revolutionäre Unternehmen, Econ, München 2000

Jungblut, Michael: WISO-Börsen-Buch. Von Aktie bis Zinsswaps, Überreuter, Wien 1998

Jünemann, Bernhard / Schellenberg, Dirk, Psychologie für Börsenprofis, Stuttgart 1977

Koch, Richard: Das 80/20 Prinzip, Campus, Frankfurt a.M. 1998

Kostolany, André: Der große Kostolany, Econ, München 2000

Krass, Peter: Faszination Business, Verlag moderne Industrie, Landsberg am Lech 1999

Ludwig, Wolfgang / Przyklenk, Andrea: Vermögensstrategien, Falken, Niedernhausen/Ts. 2000

Müller, Thomas / Nietzer, Harald: Das große Buch der technischen Indikatoren, Börsenverlag, Rosenheim 1993

Prings, Martin: Börsentechniken, Börsenverlag, Rosenheim 1994

Rühle, Alf-Sibrand: Erfolg mit Aktien, Falken, Niedernhausen/Ts. 1999

Thurow, Lester C.: Die Reichtums-Pyramide, Metropolitan, Düsseldorf 1999